顺天而治

纪连海辣评顺治帝

纪连海◎著

中国工人出版社

序言

关于顺治皇帝，那些不得不说的事儿

爱新觉罗·福临，清世祖，顺治皇帝，一个大清历史绕不开的人物。

他的故事，可谓大清王朝历史上的一段传奇。

论年龄，只活了24岁便撒手人寰的他，是整个大清王朝十二位皇帝中第二短命的，只比他的后代、慈禧太后的儿子爱新觉罗·载淳（同治皇帝）稍长一些。

论功绩，前，他比不上他的爷爷爱新觉罗·努尔哈赤和他的父亲爱新觉罗·皇太极；后，他比不上他的儿子爱新觉罗·玄烨和他的孙子爱新觉罗·胤禛。

但是，只活了24岁的顺治皇帝，却干出了他的爷爷爱新觉罗·努尔哈赤和他的父亲爱新觉罗·皇太极梦寐以求但都没能成就的大事业：清军入关，一统中原。正是因为如此，他的谥号，是清世祖。而他的父亲爱新觉罗·皇太极，只是个清太宗而已。

有的朋友说，这都是他的叔叔、摄政王爱新觉罗·多尔衮的功劳。可问题在于：摄政王爱新觉罗·多尔衮刚去世，不足14岁的他便一手铲除了摄政王爱新觉罗·多尔衮的势力，牢牢地把控了大权。这可是一个不足14岁的孩子啊！日后，他的儿子爱新觉罗·玄烨除掉权臣鳌拜集团，也已经是玄烨过了15周岁的生日之后的事了。

当然，我之所以说顺治皇帝的故事，是大清王朝历史上的一段传奇，还是因为他对爱情的追求。

众所周知，皇室的婚姻，只是为了巩固权力，与爱情无关，他却不管不顾，只去追求他的爱情。

为了追求他的爱情，他的弟弟莫名其妙地死了；为了追求他的爱情，他与他的母亲决裂了；为了追求他的爱情，他的后妃们不是被打入冷宫，就是被抛在一边。

爱情死了，他放弃了万人敬仰的皇帝之位；爱情死了，他也死了。

作为一个皇帝，我们可以指责他的所作所为；但作为一个常人，他的故事一定是一段传奇。

当然，顺治皇帝的传奇故事还有很多很多，还是希望作为读者的您，静下心来，一边读着本书，一边思考着自己的未来。

是为序。

2018年春

目录

第一章 福临人间

002 **母亲布木布泰**

这个名字有点儿怪 / 003 第一次的“约会” / 005 两见也不能钟情 / 008 结婚是一项政治任务 / 009

012 **父亲皇太极**

与众不同的老婆 / 013 没妈的孩子早当家 / 014 姑侄三人同侍一夫 / 015 接班人不好找 / 017 真假遗言 / 023 关键人物出现了 / 024 送对手去陪葬 / 026 没有感情的婚姻 / 028 都是儿子惹的祸 / 031

034 **福临出生前后**

最危险的敌人 / 034 屌丝进阶之路 / 036 反间

计除大患 / 037　平壤之盟 / 041　一统万年之瑞 / 042　独坐南面 / 044　改国号称皇帝 / 048　君臣之盟 / 050　一后四妃 / 051　终于怀上了儿子 / 053

第二章 改元顺治

062 太宗之死

洪承畴是否中了美人计 / 064　富贵病，要人命 / 068

072 两强相争

热门候选人 / 072　只要不是你 / 075

079 顺治即位

哀兵政策 / 080　十四叔保护你 / 081　拉一打俩 / 082　如意算盘打得响 / 084　不是一个人在战斗 / 086　都不是对手 / 088

第三章 初掌政权

094 清军入关

福临即帝位 / 094　外面一片混乱 / 097　突然变了卦 / 102　坐收渔人之利 / 104

109 清初政策

荷包与皇位 / 110　迁都之争 / 112　留发不留头 / 115　江阴八十一日 / 119　嘉定三屠 / 121　聪明反被聪明误 / 123　六妻四妾 / 125　太后下嫁 / 127　嫁给小叔子 / 146

155 多尔衮之死

四大矛盾 / 156　处心积虑的郑亲王 / 159

第四章 一统江山

164 满蒙

新政出台 / 164　第二位摄政王上场 / 166　孝庄选儿媳 / 168　独宠董鄂氏 / 171

173 中原

追剿南明残部 / 173　追剿大顺 / 175　追剿大西军 / 176　丁酉科场案 / 181　考试交白卷 / 185　十三衙门制 / 190

194 洋人

汤若望来到中国 / 194　编撰历书 / 195　迅速走红 / 198

第五章 皇宫内外

204 一个太后

培养出两代帝王 / 205　授之以渔 / 206　小身份大作为 / 207　节俭与身份无关 / 210

212 四位皇后

博尔济吉特氏 / 212　孝惠章皇后 / 215　孝献端敬皇后 / 216　孝康章皇后 / 221

223 诸多子女

八子六女 / 224　谁能中头彩 / 225

第六章 去世谜案

230 死于疾病

短短十一个字 / 231　不可告人的秘密 / 234

237 炮毙厦门

石破天惊的文字 / 237　进一步考证 / 239

245 **终老五台山**

顺治出家 / 246　始作俑者 / 250　爱美人不爱江山 / 254

261 附录：顺治大事记

第一章 福临人间

母亲布木布泰

要想讲明白顺治皇帝的故事，就不得不介绍顺治皇帝的母亲孝庄皇太后。

孝庄皇太后出生于1613年3月28日（明神宗万历四十一年二月初八，癸丑年），死于1688年1月27日（清康熙二十六年十二月二十五日，丁卯年）。孝庄原来是蒙古科尔沁部的贝勒寨桑的二女儿，1625年嫁给了皇太极为庄妃。

顺治皇帝的母亲孝庄皇太后曾辅佐皇太极开疆拓土，奠定清军入主中原之基础。顺治皇帝即位后，尊为皇太后。康熙皇帝即位后，尊为太皇太后。孝庄死后，康熙、雍正、乾隆皇帝累加谥号为“孝庄仁宣诚宪恭懿至德纯徽翊天启圣文皇后”，简称“孝庄文皇后”。这就是我们通常所说的“孝庄皇太后”一词的由来。

说到这里，必然有个问题需要回答：孝庄皇太后在娘家的时候到底姓什么、叫什么呢？我们总不能在介绍这个人物的时候老是说孝庄皇太后吧？

这个名字有点儿怪

孝庄皇太后的娘家姓是“博尔济吉特氏”。“博尔济吉特氏”源于蒙古的黄金家族“孛儿只斤氏”。“孛儿只斤氏”原是蒙古族的民族英雄铁木真（成吉思汗）的姓氏。也就是说，“博尔济吉特氏”的人原本应该是铁木真（成吉思汗）的直系后裔。“博尔济吉特”或者“孛儿只斤”一词的蒙古语意思是“蓝眼睛的人”。也就是说，他们应该有高加索人的血统。

在一些关于孝庄皇太后的影视剧中，曾经说到孝庄皇太后的小名叫“大玉儿”。根据我的研究，我认为这应该是影视剧的编导们根据一些野史上的记载再经过适度加工的结果。这个“大玉儿”，很明显，就是我国汉族的农村中对一个村妇的称呼。在满洲或者蒙古人的语言里是不可能有这种汉化的名字的。也就是说，作为蒙古人的孝庄皇太后，是不可能起这样的名字的。

事实上，孝庄结婚之前，她在娘家的名字应该叫作“布木布泰”。“布木布泰”这个词属于很老很老的蒙文了，其最早的意思是“亿万个子孙”，后来就演化为“天降贵人”的意思了。

问题在于，孝庄皇太后的父母为什么给她起这样一个怪怪的名字呢？

其实说起来也很简单，孝庄皇太后出生的时候，其父母正巧碰上一个僧人，这个僧人对孝庄皇太后的父母说，我给你们家算算命吧。

孝庄皇太后的父母就同意了。僧人说，你们家这个小孩儿日后要大富大贵！这个小孩儿有富贵命！孝庄皇太后的父母听后非常高兴，所以给她起名叫布木布泰。

电视连续剧《孝庄秘史》中也有过类似的情节。

说到有这么一位喇嘛，见到这个小孩儿之后说：“怪事，太奇怪了！姑娘是大贵之相啊！怎么会生长在这蒙古草原上呢？这位姑娘，将来必定会嫁给一国之君，母仪天下！”

这个小孩儿的家人也非常疑惑地说：“难不成大明的皇帝还会娶了我们家格格做娘娘？瞎说！”

前面我讲到，未来的孝庄皇太后在娘家时的名字应该叫作布木布泰。问题又出现了，那么，电视剧中这个未来的孝庄皇太后的小名“大玉儿”这个名字到底是怎么来的呢？

事实上，“大玉儿”这个名字源于《清宫十三朝秘史》《清史演义》等野史。

在上述两部著作中，都有记载说孝庄皇太后年轻的时候被称为“玉妃”，也就是说她皮肤如玉，貌美如花。虽然野史的记载不完全可信，但关于孝庄皇太后美丽的说法广泛存在。

不过，野史终归还是野史，野史上的记载还是有些问题的。有专家考证，布木布泰姐姐的名字“海兰珠”的蒙古语意思是“玉”，因此，称呼布木布泰的姐姐海兰珠为“大玉儿”倒是似乎更加合适一些。

因此，要是有人说布木布泰是当时的满蒙第一美女，这可是有些言过其实了。虽然历史上的孝庄皇太后确实非常美丽，但绝对不是当时的满蒙第一美女。事实上，别的人家不敢说，单单就她们一家而言，布木布泰的姐姐海兰珠的长相就比她漂亮得多，也更加受宠得多。

不过，一说起布木布泰，我们马上会想到睿亲王多尔衮——努尔哈赤的儿子、皇太极同父异母的弟弟。受电视连续剧《孝庄秘史》的影响，很多人都会以为，多尔衮和布木布泰（电视连续剧《孝庄秘史》中的“大玉儿”）才应该是一对亲密无间的情人。但后来他们的这种关系被皇太极人为地给破坏掉了。

在电视连续剧《孝庄秘史》中，多尔衮与“大玉儿”——实际上应该是布木布泰——是在蒙古大草原上偶然相识的，多尔衮对美丽的“大玉儿”可谓是一见钟情。下面的内容，就出自电视连续剧《孝庄秘史》：

话说有一天，皇太极带着自己的妻子和当时年纪尚小一些的、与自己同父异母的弟弟多尔衮拜见自己的岳父大人。大人们在说着话，孩子们则在玩耍。这个时候，在蒙古大草原上，多尔衮与大玉儿偶然相识了。

多尔衮说：“真不愧是成吉思汗的子孙！你的马术好得很啊。”

大玉儿说：“放开我！”

多尔衮说：“不放！”

大玉儿生气地说：“你不是我们科尔沁人，放开我！”

多尔衮非常认真地说：“就是不放！”

我们从中可以看出，多尔衮与大玉儿的这次见面，应该是两个人的第一次见面。看来，多尔衮与大玉儿两个人之间不是两小无猜、青梅竹马的关系，而是有些一见钟情的意思。

当我看到这段电视剧的时候，差点儿就被他们的真情打动了。

为什么会差一点儿呢？

因为，我是学历史的。我知道这个情节在历史上是不可能发生的。

问题在于，在历史上，多尔衮与美丽的布木布泰是否是一见钟情呢？

第一次的“约会”

当时的多尔衮在建州女真——建州女真当时在今辽宁省的东南部，布木布泰在科尔沁蒙古——科尔沁蒙古当时在今天内蒙古自治区的东部。他们两个人的家庭相距达几百里之遥。

问题在于，在正史当中，他们第一次见面应该是什么情形？

根据我的考证，多尔衮和布木布泰两个人之间的第一次见面最有可能是在 1615 年——也就是后金政权建立的前一年。那个时候，多尔衮 3 岁，布木布泰 2 岁。

因为就在这一年，多尔衮的父亲努尔哈赤又结婚了。——娶了科尔沁部的台吉洪果尔之女为妻。台吉，蒙古语的意思是世袭贵族。这是一场规模庞大的婚礼，双方都动用了很多人马。

因此，多尔衮和布木布泰两个人应该都参加了这场规模庞大的婚礼。不过，他们两个人都是小孩子，还不太懂得婚姻，他们之间，也就是一块儿玩了那么一会儿而已。婚礼一结束，两个小孩也就随着双方的家长各奔东西了。

应该说，两个人的第一次见面，应该没有给双方留下什么深刻的印象。从这个角度说，也就谈不上什么一见钟情了。

实际上，多尔衮和布木布泰两个人的第一次见面还有可能更早一些。早到哪一年呢？只能早到 1614 年了。不能再早了，再早的话，“布木布泰”还没有出生呢！

1614 年，这一年，布木布泰的亲姑姑、莽古思的女儿哲哲嫁给了皇太极为正房大福晋。

可惜的是，这个时候的布木布泰太小了，1 岁的她不太可能记住前来迎亲的人们里面是否有多尔衮这个人。1 岁的她也不太可能记住前来迎亲的皇太极的长相到底是什么样。更加想不到这个皇太极不但是自己的姑父，而且将来居然还是自己的丈夫。

多尔衮也太小了，2 岁的多尔衮也不太可能记住他是否参加了这场他的同父异母的哥哥的婚礼。即使他参加了前去迎亲的队伍，他也不太可能记住那个1岁的布木布泰的长相到底是什么样。

退一步说，我们承认多尔衮和布木布泰两个人没有一见钟情，问题在于，多尔衮和布木布泰有没有两见钟情呢?

关于多尔衮和布木布泰两个人的第二次见面，电视连续剧《孝庄秘史》中是这样交代的：

过了一些时辰之后，皇太极带着自己的妻子哲哲和弟弟多尔衮拜见自己的岳父大人莽古思。皇太极正在和自己的岳父莽古思——也就是哲哲的父亲、大玉儿的爷爷——说话：

莽古思："皇太极，咱们可是好多年没有见啦。"

皇太极："岳父大人真是气色好啊。老当益壮。"

莽古思："我哪里比得上你的父汗哪？如今他都建立大金国了。"

就在这个时候，大玉儿进门了。

大玉儿进门之后，看到了皇太极的妻子——自己的姑姑哲哲，于是对爷爷说："爷爷，我可以跟姑姑说话了吗？"

莽古思对哲哲说："（这是）玉儿。格格，你还记得吗？她就是你寨桑哥哥的小女儿啊。"

莽古思又对大玉儿说："见过你的大姑夫。"

大玉儿说："姑夫。"

皇太极说："玉儿，见过我的十四弟。他叫多尔衮。"

大玉儿疑惑地说："是你？"

两见也不能钟情

而在历史上，多尔衮和布木布泰两个人的第二次见面应该是什么样子的呢？是否会出现两见钟情的情况呢？

多尔衮和布木布泰两见钟情的情况是根本不可能出现的。

为什么呢？

因为在多尔衮和布木布泰两个人第二次见面的时候，应该是在1623年。布木布泰10岁，多尔衮11岁。对于多尔衮来说，在他与布木布泰第二次见面的时候，双方都已经长大了不少。但是，这次见面的时候，多尔衮可没有机会多看布木布泰两眼。因为他太忙了。

多尔衮忙什么呢？忙着结婚呀。

那是在1623年，多尔衮11岁，他的哥哥阿济格18岁。一个11岁的小孩子——多尔衮正在忙着自己的婚姻大事。他娶了科尔沁部的台吉洪果尔的女儿为妻。

虽然多尔衮在自己的婚礼上可能看得见布木布泰，但是肯定没有什么说话的机会留给他们。

更为重要的是，这次婚礼是多尔衮和他的哥哥阿济格两个人的集体婚礼——也是这一天，努尔哈赤的十二子、多尔衮的亲哥哥阿济格娶了科尔沁部的台吉洪果尔的女儿为妻！8年以前的1615年，还是这个科尔沁部的台吉洪果尔，他曾经把自己的另外一个女儿嫁给了努尔哈赤为妻！这就形成了亲姐妹仨人嫁给亲父子仨人的情况！

关于亲姐妹嫁给亲父子的问题，我们后面再说！现在，我们还是回过头来继续说多尔衮和布木布泰，两个人的第三次见面。

结婚是一项政治任务

前面我们否定了多尔衮和布木布泰两个人的“第二次握手”——两见钟情。问题在于，他们什么时候才能够见上一面，多说几句话呢？他们之间会不会出现三见钟情的情况呢？

在电视连续剧《孝庄秘史》中是这样交代的：

> 大玉儿与多尔衮到敖包上面相会。
>
> 大玉儿说：“这就是敖包。我们蒙古人，把它当成神明的化身。”
>
> 多尔衮说道：“你在做什么？”
>
> 大玉儿说：“许愿啊。”
>
> 多尔衮说道：“玉儿，你别跑。别跑，别跑。”

然后就是，多尔衮与大玉儿对着敖包互许终身。

电视连续剧《孝庄秘史》中，这是多尔衮和布木布泰两个人的第三次见面！

历史上，多尔衮与美丽的布木布泰真的对着敖包互许终身吗？

这是不可能的。

为什么呢？因为就在多尔衮与美丽的布木布泰第三次见面的时候发生了一件大事——布木布泰结婚了！

布木布泰跟谁结婚啊？当然是皇太极啦！

问题又出现了：布木布泰为什么跟皇太极结婚？不管怎么说，这个多尔衮比布木布泰大了半岁——年龄相当啊，而皇太极要比布木布泰大21岁——年龄差距太大了啊。

其实，对于多尔衮来说，布木布泰这个姑娘嫁给谁，跟他好像没关系。因为，他已经有老婆了。

而对于布木布泰来讲，这则是一桩政治婚姻！

任何一个科尔沁部的蒙古女人都知道，她们是抱有浓厚的使命感结婚的。在当时的蒙古族人和满洲人结婚，他们几乎每一个人都是抱着浓厚的政治目的结婚的！他们双方考虑的都不是谁漂亮，谁年轻，谁英俊；而是谁能够让我们完成使命，完成我们民族赋予的使命。

什么使命呢？

对于科尔沁部蒙古人来说，就是充分利用满洲人与大明王朝的矛盾，消灭曾经灭亡了元朝的大明王朝——报仇！

对于满洲人来说，就是充分利用科尔沁部在蒙古各部中的威望，稳定自己的后院，从而在加快灭亡大明王朝的步伐的同时，减少自己的伤亡。

因此，电视连续剧《孝庄秘史》中的这段话说得就不是很对了。

咱们科尔沁不善打仗，可偏偏强邻又这么多。东有大金，西有察哈尔，再加上南方的大明朝。哪一个都得罪不起啊！唯一的生存之道就是要广结善缘哪。

我明白，所以父王将我嫁来大金。这都是父王为子孙的深谋远虑。

科尔沁蒙古人如果想生存的话，就得依附于建州女真。因此，电视连续剧《孝庄秘史》当中，似乎把布木布泰出嫁的意义大大降低了。

科尔沁蒙古的首领一直有一个愿望，他要恢复他们过去的光荣与梦想——蒙古族人再度一统天下。但是，他们知道，凭他们自己的力量打不赢这场战争。怎么办呢？

科尔沁蒙古的首领当时认为，只有输出女子，改变其他人的人种，再利用其他人的人种达到自己的目的。所以科尔沁蒙古的首领带着这种目的，让科尔沁部的所有美女都嫁给建州女真，来完成利用女真人、改造女真人的任务。在他们看来，自己即使不能将满洲人全部改造成功，也至少要改造满洲人的皇室成员。把满洲人的皇室成员改造成为具有更多蒙古族血统的人。然后再由这两支部落平定汉族人的江山。

这儿有一个年龄的问题。当时年仅 12 岁的布木布泰嫁给皇太极的时候，她的身体、内心、骨子里就能有使命感吗？

有！不但布木布泰有这种使命感，别的科尔沁蒙古女子也有。因为这个使命感是渗透到每个蒙古族男人、女人的血液里的，甚至已经成为他们民族的遗传基因。这就是布木布泰——这个 12 岁新娘的历史使命。

但是，问题又出现了：这个伟大的历史使命应该是由布木布泰的亲姑姑哲哲完成才对——早在 1614 年，布木布泰的亲姑姑、莽古思的女儿哲哲不是已经嫁给皇太极为正房大福晋了吗？这不是又出现了姑姑和侄女二人同侍一个丈夫的现象了吗？布木布泰又是在什么情况下嫁给皇太极的呢？布木布泰为什么非要嫁给皇太极呢？

难道布木布泰这个 12 岁的新娘还有其他的使命吗？当然！

我们还要从顺治皇帝的父亲皇太极说起。

父亲皇太极

顺治皇帝的父亲是努尔哈赤的第八子皇太极。

努尔哈赤逃难时，路过叶赫部（今吉林省四平市铁东区叶赫满族镇）。当时，叶赫部落的贝勒叶赫那拉·杨吉砮看到努尔哈赤仪表雄伟，器宇不凡，于是优礼相待，还决定把当时年仅 7 岁的女儿叶赫那拉·孟古许配给努尔哈赤，说等到孟古哲哲长到出嫁的年龄时，一定把她送往建州与其完婚。而此时的努尔哈赤非常愿意与叶赫部联姻以壮大自己的势力，就迫切地要求立刻娶他的大女儿。但杨吉砮告诉努尔哈赤，他并不是为了推托与他联姻而不把长女嫁给他，实在是自己品貌出众的小女儿叶赫那拉·孟古才配得上他，是努尔哈赤未来的佳偶，希望他耐心地等待。听了岳父这番肺腑之言，努尔哈赤欣然从命。此外，叶赫那拉·杨吉砮还送给努尔哈赤很多的马匹和甲胄，而且，叶赫那拉·杨吉砮还派兵护送努尔哈赤回到建州老家。这一年，努尔哈赤 23 岁。

与众不同的老婆

1588 年 9 月，当叶赫那拉 · 孟古长到 13 周岁的时候，因父亲叶赫那拉 · 杨吉砮已死，在兄长叶赫那拉 · 那林布禄的亲自护送下，叶赫那拉 · 孟古来到费阿拉城（今辽宁省新宾满族自治县），努尔哈赤率众出城相迎，杀牛宰羊，大宴成婚。

叶赫那拉 · 孟古终于显露出了她的与众不同：论相貌，她面如满月，端庄妩媚，风姿妍丽；论修养，她气度宽宏，不喜奉承，不惧恶言，举止庄重大方，口无恶言，耳无妄听，始终如一，毫无过失。1592 年 11 月 28 日（明万历二十年十月二十五日）申时，叶赫那拉 · 孟古生下了顺治皇帝的父亲皇太极。

1603 年，叶赫那拉 · 孟古因病去世。临终前，叶赫那拉 · 孟古的最大心愿就是再见自己的母亲一面。尽管与叶赫部落已经结下了仇怨，努尔哈赤还是立即派遣使者前去迎接岳母。然而双方的仇恨实在是太深了，对于努尔哈赤的请求，叶赫那拉 · 孟古的哥哥，叶赫部贝勒，叶赫那拉 · 那林布禄坚决不许，最终只派了叶赫那拉 · 孟古乳母的丈夫南太前往建州女真部探视。最终，叶赫那拉 · 孟古只能带着对母亲的思念，对丈夫与胞兄之间争斗不休的无奈，撒手人寰，年仅 28 岁。这一年，顺治皇帝的父亲皇太极 11 岁。

叶赫那拉 · 孟古病逝后，为了表达自己的哀思，努尔哈赤素食达数月。与此同时，努尔哈赤还命令服侍过叶赫那拉 · 孟古的四个婢女生殉（虽然现在的我们觉得努尔哈赤的这种做法有些残忍），还用牛羊一百只祭祀，并将叶赫那拉 · 孟古葬在自己居住的院中达三年，后葬于赫图阿拉尼亚满山岗。

1616 年，努尔哈赤称汗后，追封叶赫那拉 · 孟古为大妃。1624 年，努尔哈赤迁都辽阳东京城，叶赫那拉·孟古的遗骨也随之迁到东京陵。1629年，叶赫那拉·孟古与努尔哈赤合葬在福陵，其最后谥号为“孝慈昭宪敬顺仁徽懿德庆显承天辅圣高皇后”。

没妈的孩子早当家

皇太极的家庭，是个大家庭。他有4个叔父，仅二叔穆尔哈齐门下就有11个堂兄弟，三叔舒尔哈齐门下有9个堂兄弟，其中，阿敏贝勒门下有6位侄子、济尔哈朗贝勒有11位侄子。而皇太极本人则有15位同父异母的兄弟，亲兄弟的子侄多达一百四五十人。他的上面有7个哥哥，这7位兄长由5位福晋所生。这5位福晋全都出自建州女真本部，只有他的母亲是叶赫部，而且还与建州女真结下了血海深仇。这种家庭环境对皇太极少年时代的成长有着许多正面和负面的影响。

生来面色赤红、眉清目秀、行动稳健、举止端庄的皇太极从小聪明过人，3岁时就懂很多道理，凡接触到的事，“一听不忘，一见即识”。他很爱看书学习，在努尔哈赤的诸将中唯有他识字。当父兄长年累月忙于出征作战时，7岁的皇太极就开始主持家政了，还把家里日常事务、钱财收支等管理得井井有条。特别是有些事情不劳努尔哈赤操心指示，皇太极就能干得很出色，与自己想的一样，因而努尔哈赤对皇太极更是爱如“心肝”。

皇太极少年丧母，又没有同母的兄弟姐妹，可以说是孤苦伶仃。但是，幼年丧母的皇太极的确不是一位普通人物。

幼年丧母，使皇太极在生活中遇到了过多的艰难与困苦，而这恰恰磨炼了皇太极独立的性格与顽强的意志。没有母亲呵护，没有同母兄弟姐妹，格外势孤力单，这种环境养成了皇太极慎言少语的性格，锻炼了他的沟通与协调的能力；因自己的舅父同建州有世仇，长期怨怨相报，使皇太极在家族中处于不利地位，这促使他长于心计。此外，他的理家才能也是人所共识的。

皇太极知道，自己要想在16位同父异母的兄弟中脱颖而出，不只是一句简简单单的长于心计就能做到的，更为重要的是自己的能力。

当皇帝以后，皇太极还对小时候这种生活记忆犹新，曾说：“太祖时，我们听说第二天要外出打猎，即事先进行调鹰蹴球，做好各种准备。如到时不让去，哭着也要请求前往。过去，无论老少，竞相奋进，皆以行兵出猎为大喜事。那时仆从很少，人人各自牧马披鞍，劈柴做饭，即使这样艰苦，也乐于跟着为主效力，国家之有今日兴隆正是这种努力奋斗的结果。”

没妈的孩子，只有追随他的父亲在战斗中茁壮成长！皇太极的确也很像他的父亲努尔哈赤，吃苦耐劳、体格健壮。沈阳实胜寺曾藏有他用过的一张弓，矢长四尺余，不仅一般人不敢问津，就是一个壮士也很难拉开，而皇太极当年运用自如。

皇太极自1612年20岁时正式从父出征，直到35岁继承汗位为止的15年间，经历了10次重大战役，尤其是与明朝发生的萨尔浒之役中他的表现尤为突出：进攻吉林崖，明主将杜松惨死；攻打斡珲鄂谟，明游击龚念遂殁于阵中；他与代善追击明监军康应乾于富察，明军溃败，朝鲜军元帅姜弘立投降。

姑侄三人同侍一夫

1614年，皇太极娶布木布泰的亲姑姑、莽古思的女儿哲哲为正房大福晋。1625年，皇太极又娶布木布泰为自己的侧房福晋。

皇太极为什么在娶了布木布泰的亲姑姑哲哲之后，又要娶布木布泰为自己的侧房福晋呢？有的读者朋友该说了，这不是又出现了姑姑和侄女二人同侍一夫的现象了吗？这回您可说错了——不是姑姑和侄女二人同侍一夫，而是姑姑和侄女三人同侍一夫——9年以后的1634年，已继承汗位的皇太极又娶了布木布泰的姐姐海兰珠为侧房福晋。这就出现了姑姑和侄女三人同侍一夫的现象。看来，我现在必须要回答下面这些问题了：这个满洲人和蒙古族人是怎么回事呀，怎么会出现这么混乱的婚姻关系呢？一会儿是亲姐妹嫁给亲父子，一会儿又是姑姑和侄女三人同侍一夫呢？

话还要从努尔哈赤的死亡说起。

努尔哈赤的一生战功赫赫，但战功赫赫的努尔哈赤也有失败的时候。

1626年年初，67岁的努尔哈赤亲率6万八旗精兵，号称20万大军，渡过辽河，如入无人之境，向孤城宁远——当时整个东北只有这一座城市没有被努尔哈赤攻下来，还属于大明王朝——猛扑而来。

这个时候，孤城宁远的守城者袁崇焕，42岁，进士出身，没有指挥过作战。1626年2月20日（正月二十四日），努尔哈赤派兵猛力攻城。2月21日，袁崇焕命用西洋大炮从城上往下轰击。只听得一声炮响，西洋大炮的炮弹正中八旗精兵的中军大帐，只听到几声哀鸣，6万八旗精兵转眼之间作鸟兽散去，战争就这么结束了。袁崇焕的西洋大炮打中了努尔哈赤所在的中军大帐。努尔哈赤是否身负重伤，我们现在已经无法查证。但不容置疑的是，八旗精兵遭到空前重创！

兵败宁远，是努尔哈赤起兵以来所遭遇到的最大挫折。此后，努尔哈赤郁郁寡欢，陷入苦闷之中。从正月一直到八月，努尔哈赤每天都在想：我怎么会打了败仗呢？而且这个打仗的人才42岁，进士出身，从来没打过仗，我在打仗的时候他还没出生呢！他怎么能够把我打败了呢？

1626 年 9 月 30 日（明天启六年八月十一日），非常郁闷的努尔哈赤忧愤而死。也就是说，努尔哈赤最后是被袁崇焕活活气死了！

接班人不好找

但直到去世之前，努尔哈赤也没能够解决自己的接班人问题。因为，此前的努尔哈赤曾经三次立储失败：

第一次立储失败：舒尔哈齐是努尔哈赤的同母胞弟，和他同起兵，共成长；同战斗，共患难。后来，两人地位几乎平起平坐。舒尔哈齐成为努尔哈赤的实际接班人。但舒尔哈齐与努尔哈赤在很多重大政治策略问题上分歧很大，直至闹得不可开交。后来在 1611 年，努尔哈赤对舒尔哈齐运用政治手段将他圈禁，迫害致死。

第二次立储失败：努尔哈赤 21 岁时，妻子佟佳氏生下长子褚英。1607 年，建州女真同乌拉部激战。时年 27 岁的褚英勇谋出众，力败强敌，夺取胜利。此后不久，褚英取代舒尔哈齐，成为实际上的接班人。但是，努尔哈赤过早地确立接班人，导致努尔哈赤的诸子之间、大臣之间的分歧出现。他们对褚英的接班人地位非常不满，弄得努尔哈赤很伤脑筋。最后，努尔哈赤下定决心，于 1613 年将褚英废掉。不久，努尔哈赤在经过痛苦思索后，最终将褚英处死。

第三次立储失败：褚英死后，实际上努尔哈赤与他的第一位妻子佟佳·哈哈纳札青所生的次子代善已经是接班人的地位。代善出生于 1583 年。1613 年他的哥哥褚英被废掉汗位继承人的身份并被处死以后，30 岁的他就成为事实上新的汗位继承人。

此时的代善很受努尔哈赤的赏识。在 1615 年努尔哈赤刚刚建立八旗制度的时候，代善一个人单独掌握两个红旗，共计51个牛录。其实力仅次于努尔哈赤本身的两个黄旗的65个牛录，而远远高于其他的人。后来努尔哈赤把代善两个红旗中的一个分给了代善的长子岳托，只是从锻炼孙子辈分的能力角度考虑问题的，实际上并没有削弱代善的领导地位。

但代善高兴得太早了，早到了已经露出马脚的地步了。前面我曾经说过，代善的哥哥褚英在做汗位继承人的时候，本身并没有什么过失，只是因为遭到众人嫉妒就先被废黜后被杀掉。而此时的代善不但丝毫没有吸取他哥哥的教训，反而在他哥哥的道路上越走越远。

1620年，努尔哈赤的小福晋德因泽向努尔哈赤告发多尔衮的母亲乌拉那拉·阿巴亥犯了三个错误：

第一，乌拉那拉·阿巴亥备佳肴送给大贝勒代善，大贝勒代善受而食之；又送给四贝勒皇太极，四贝勒皇太极受而未食。

第二，乌拉那拉·阿巴亥经常派人去大贝勒代善家，不知道干些什么。

第三，乌拉那拉·阿巴亥经常在深夜外出宫院，不知道去往哪里。

德因泽为什么告发代善与乌拉那拉·阿巴亥？有人说德因泽告发乌拉那拉·阿巴亥与大贝勒代善的关系不正常是受到了皇太极的指使！皇太极是借此事达到他一箭双雕的目的：既使代善声名狼藉而丧失汗位继承权，又使大福晋乌拉那拉·阿巴亥遭到惩处而使多尔衮兄弟丧失汗位继承权。虽然他们之间可能什么不正常的关系也没有，但是，对于那些一心想把别人拉下马的汗位竞争者来说，他们是什么事情都干得出来的。

努尔哈赤派人调查，其结果是不言而喻的：一切属实！

大贝勒代善的确因此声名狼藉而丧失汗位继承权：虽然努尔哈赤因为不愿家丑外扬而没有将此事继续追究下去，也没有对外声张这件事。但是，若要人不知，除非己莫为。世界上没有不透风的墙。很快，这件事就在满洲贵族中曝光。大贝勒代善的威望大大下降，已无力争夺汗位。

努尔哈赤无奈之下，被迫放弃在自己活着的时候立储的想法。他经过一番思考，提出汗位继承的新办法——宣布《汗谕》：实行八和硕贝勒共议推举新汗和废黜大汗的制度。所谓八和硕贝勒就是八旗旗主。

乌拉那拉·阿巴亥比努尔哈赤小 31 岁，12 岁同努尔哈赤完婚，先后生下阿济格、多尔衮和多铎 3 个儿子。阿巴亥与努尔哈赤两个人一起共同生活了 24 年。在努尔哈赤的所有妻妾当中，努尔哈赤与多尔衮的母亲两个人属于共同生活时间较长、感情比较稳定的一个。

历史上记载，乌拉那拉·阿巴亥特别善于照顾一天天变老的努尔哈赤。也正是因为如此，努尔哈赤也就特别喜欢乌拉那拉·阿巴亥。爱屋及乌，因为喜欢乌拉那拉·阿巴亥，努尔哈赤也就很喜欢乌拉那拉·阿巴亥为他生的孩子，多尔衮兄弟三人。因此，努尔哈赤在生前也曾经为多尔衮兄弟三人做出过一些力所能及的工作。

早在 1601 年，努尔哈赤建立了黄、红、白、蓝四旗，1615 年，又扩大为八旗。原四旗名称冠以“正”，另四旗名称冠以“镶”。

每旗原则上应该包含 25 个牛录 7500 人。但是实际上，每旗的牛录数量都是不一样、不固定的，随时可以按照皇帝个人的爱好而不断变更。如努尔哈赤在位时期的八旗牛录数量大致是这样分布的：

正黄旗 45 个牛录，镶黄旗 20 个牛录。这两个黄旗共计 65 个牛录均由努尔哈赤本人直接领导。

正白旗 25 个牛录，努尔哈赤的第八个儿子皇太极领导。

镶白旗 15 个牛录，努尔哈赤的长子褚英的儿子杜度领导。

正红旗 25 个牛录，努尔哈赤的次子代善领导。

镶红旗 26 个牛录，代善的长子岳托领导。

正蓝旗 21 个牛录，努尔哈赤的第五个儿子莽古尔泰领导。

镶蓝旗33个牛录，努尔哈赤的弟弟舒尔哈齐的儿子阿敏领导。

以上共计210个牛录。在这210个牛录、八个旗的领导者中间，除去努尔哈赤自己，再除去努尔哈赤的孙子杜度和岳托这两个孙子辈分的之外，我们可以看出，代善、阿敏、莽古尔泰、皇太极，这四个人都是努尔哈赤的子侄，这四个人就是我们常说的“四大贝勒”。其中从年龄上讲，代善居长，为大贝勒；阿敏居次，为二贝勒；莽古尔泰再次，为三贝勒；皇太极年龄最小，为四贝勒。

努尔哈赤临死之前，决定将亲统的两黄旗的大部分各授于同母的三个幼子，阿济格、多尔衮和多铎，每人15牛录，其余20个牛录自己统率做亲军。但努尔哈赤有个明确的指示就是：阿济格是镶黄旗旗主，多铎是正黄旗旗主，将来自己死后统率的亲军全给多铎。另外，单独赐一旗给多尔衮，这个另赐一旗就是镶白旗。努尔哈赤去世前不久已经把镶白旗旗主杜度调到镶红旗，准备以此旗给多尔衮。

现在，我们重新算一算这没能够形成的新的八旗牛录数量的分布：

13岁的正黄旗旗主多铎领导35个牛录；

22岁的镶黄旗旗主阿济格领导15个牛录；

15岁的镶白旗旗主多尔衮除了拥有来自原镶白旗的15个牛录之外，还有他自己原来领导的两个黄旗的15个牛录，共计30个牛录。

以上，这亲兄弟三人共计领导了80个牛录，占全部210个牛录的38.1%。

正红旗、镶红旗、正白旗、正蓝旗、镶蓝旗均无变化，仍然分别由代善、代善的长子岳托、皇太极、莽古尔泰和阿敏领导。

可以说，在即将到来的汗位争夺战中，多尔衮兄弟三人的阵营占据绝对优势。可是，为什么汗位争夺战的最终结果却是皇太极取得了胜利呢？会不会出现电视连续剧《孝庄秘史》描述的现象：因为多尔衮喜欢已

顺治皇帝的母亲布木布太
孝庄皇后
曾辅佐皇太极
开疆拓土
奠定清军入主中原
的基础
顺治皇帝即位后
尊为
皇太后

纪连海语录

事实上，孝庄皇太后结婚之前，她在娘家的名字应该叫作『布木布泰』。『布木布泰』这个词属于很老很老的蒙文了，其最早的意思是『亿万个子孙』，后来就演化为『天降贵人』的意思了。

经嫁给了皇太极的布木布泰，所以多尔衮为了刻意地讨好布木布泰，就心甘情愿地主动放弃汗位争夺呢？也就是说，多尔衮会不会为了一个自己非常喜欢的女人而做出这么大的牺牲呢？话还要从努尔哈赤临死之前的遗嘱谈起。

真假遗言

关于努尔哈赤临死之前的遗言，电视连续剧《孝庄秘史》有这样的交代：

乌拉那拉·阿巴亥（大福晋）：“四大贝勒不会答应的。”

努尔哈赤：“所以我叫他们非得赶回来不可！当着大家的面，听我亲口说。为了多尔衮，我一定要硬撑下去！我要撑下去！”

大福晋：“大汗！大汗！大汗！”

结果，努尔哈赤死在了乌拉那拉·阿巴亥（大福晋）的怀里。

很快，乌拉那拉·阿巴亥与汗位的有力竞争者皇太极见面了！于是，他们之间就出现了下面的一段对话：

乌拉那拉·阿巴亥：“你如果想做大汗，我只要一句话！大汗的遗言，只有你我知道！”

皇太极：“你这么做的目的，究竟是什么？”

乌拉那拉·阿巴亥：“因为我知道，四大贝勒当中，虽然代善居长，但是却以你为首。多尔衮还小，如果弄不好，就会有性命之忧。汗位你来，饶过多尔衮吧！”

在现实当中，是这样的吗？

现实当中的情况恰恰完全相反！当时皇太极在所有有资格继承汗位的几个人当中，资历和实力是最弱的。皇太极是最不应该、最没有可能继承汗位的。

关键人物出现了

努尔哈赤的一生一共有16个妻妾。这16个妻妾给他生了16个儿子和8个女儿。努尔哈赤的其他妻妾都出自建州本部，而只有皇太极的母亲是出自建州女真的敌人——叶赫部。建州女真与叶赫部之间一直对立，和努尔哈赤对立。因此，从这层意义来讲，皇太极的劣势不是一点儿，而是太多了。

那这就奇怪了，为什么实力最弱的皇太极继承了汗位呢？

肯定是有了强大的支持者！

问题在于，谁才是皇太极最坚定、最强大的支持者呢？

电视连续剧《孝庄秘史》告诉我们，皇太极继承汗位的最坚定、最强大的支持者是阿敏与莽古尔泰。

这是错误的。皇太极继承汗位的最坚定、最强大的支持者不是阿敏与莽古尔泰。电视连续剧《孝庄秘史》关于阿敏与莽古尔泰的描写简直是太高抬了他们。阿敏与莽古尔泰在历史上的地位远远没有那么重要——虽然他们是当时四大贝勒中位居第二、第三位的人。

阿敏是努尔哈赤的同母胞弟舒尔哈齐的次子。虽然阿敏是舒尔哈齐的儿子，也立有军功，但是我们要说，在努尔哈赤去世之后，拥立谁为汗位继承人都跟阿敏没有什么关系。换句话说，阿敏犯不着为这个跟自己毫不相关的事情而得罪哪个人。阿敏只需要知道汗位继承人肯定轮不到自己就得了。

莽古尔泰呢？他就更加跟这件事没有关系了。

说到莽古尔泰，我们就要说到莽古尔泰母亲的死。

莽古尔泰的母亲就是努尔哈赤的第二位妻子富察氏。史书上记载，当1593年叶赫部率九部联军侵犯建州女真的时候，富察氏曾经立下了汗马功劳。后来，富察氏因为一点儿小事情得罪了努尔哈赤，被努尔哈赤赐死。莽古尔泰亲手杀掉了自己的母亲富察氏。

莽古尔泰这样的人，连自己的亲妈都能亲手杀掉，要是他继承汗位，那不得见谁杀谁。因此，在努尔哈赤去世之后，拥立谁为汗位继承人都跟莽古尔泰没有什么关系——他太没有人缘了。

问题在于，在拥立皇太极作为汗位继承人的问题上，谁才是起着最关键作用的人呢？

最为关键的人物是代善的两个儿子：长子岳托和三子萨哈璘。

了解到在皇太极作为汗位继承人问题上起着最关键作用的支持者之后，就到了必须了解皇太极继承汗位的过程的时候了。

我们继续前面的问题：为什么代善的两个儿子——长子岳托和三子萨哈璘能够成为在拥立皇太极作为汗位继承人的问题上起着最关键作用的人呢？原因在于以下两个方面：

一是他们对于多尔衮的仇恨：拥立谁都不能拥立多尔衮！

岳托和萨哈璘为什么那么恨多尔衮呢？

当时代善的两个儿子岳托和萨哈璘认为要是没有多尔衮的母亲给他们的父亲送饭，他们的父亲早已经继承了汗位了。多尔衮的母亲不但把他们的父亲的汗位给耽误了，还把他们的未来给葬送了——如果代善做了大汗，他的这两个儿子将来也理所当然地父死子继——有再度当上大汗的可能。

二是他们对于没有任何根基的皇太极的轻视。

不拥立多尔衮拥立谁呢？没别人了，只有皇太极了——因为在他们看来，皇太极是一个完全没有根基、实力最弱的外人。

拥立皇太极，那他皇太极还不得乖乖地听我们的话吗？

结果是岳托和萨哈璘的父亲代善没有办法——在最关键的场合，代善由于经受不住自己儿子的说教，葬送了多尔衮的汗位。

问题在于，多尔衮的母亲是怎么被逼死的呢？

关于拥立皇太极作为汗位继承人的问题，电视连续剧《孝庄秘史》还有一个场景让我很疑惑：

在努尔哈赤临死之前，是否曾经有过要大福晋传述多尔衮即位的遗命的事情呢？努尔哈赤的大福晋死的时候，布木布泰的丫鬟苏茉儿能否在场呢？布木布泰如果的确可以在场的话，她的身份又是什么呢？

话还要从努尔哈赤的大福晋的死说起。

送对手去陪葬

我们知道，努尔哈赤死后，争夺大汗这个位置就成为众人关注的最大的一件事情了！对于大汗这个位置，皇太极也是非常垂涎的。

但是，正如前面我们曾经说到的那样，努尔哈赤生前是非常喜欢多尔衮的，而且也的确是为了让多尔衮能够坐上这个位置付出了努力的。

皇太极在想，应该怎么去做才能让自己坐上这个位置呢？

皇太极知道，自己最大的对手就是多尔衮兄弟三人！而要想彻底削弱多尔衮兄弟三人的力量，最好的办法就是处死他们的母亲乌拉那拉·阿巴亥。所以，在努尔哈赤死后，皇太极和几个贝勒说先汗有遗言，让大福晋乌拉那拉·阿巴亥殉葬。然后，在皇太极等四大贝勒的威逼下，乌拉那拉·阿巴亥自缢而死（一说被用弓弦勒死）。

于是，就有了电视连续剧《孝庄秘史》当中，为了把知道大汗传位遗命的乌拉那拉·阿巴亥灭口，四大贝勒逼着她为努尔哈赤殉葬的场景的描写：

乌拉那拉·阿巴亥（大福晋）："多尔衮，我的儿子！"

四大贝勒："抓住她！"

乌拉那拉·阿巴亥："我的孩子！我的孩子！"

布木布泰和她的丫鬟苏茉儿："多尔衮，不要这样。多尔衮。"

乌拉那拉·阿巴亥："多尔衮，多尔衮。我要见我的孩子。"

四大贝勒："去拿大汗的强弓来。"

四大贝勒的属下："好。"

多尔衮："额娘。"

四大贝勒："让开！"

乌拉那拉·阿巴亥："我的儿子！我的儿子！我要见你！"

四大贝勒："恭送大福晋升天！"

阿巴亥死后，多尔衮、多铎年幼，失去依靠。实际上已经没有力量同皇太极争夺汗位了。在这种情况下，新汗的推举商议在庙堂之外进行。

大贝勒代善的儿子贝勒岳托、萨哈璘到其父代善的住所，说："四贝勒（皇太极）才德冠世，深契先帝圣心，众皆悦服，当速继大位。"代善

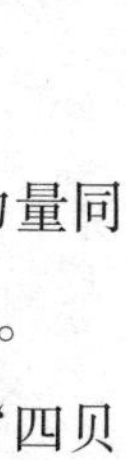

说："这是我的夙愿！你们所说，天人允协，谁不赞同。"这样，父子三人议定。

第二天，诸王、贝勒、贝子聚于朝。代善将他们的意见告诉二贝勒阿敏、三贝勒莽古尔泰及诸贝勒。绝对优势！没有发生争议就取得共识！皇太极终于登上大位！

布木布泰的丈夫皇太极当上了大汗，布木布泰是怎么想的呢？电视连续剧《孝庄秘史》中有下面的一段描写：

大玉儿见到多尔衮之后说："多尔衮，答应我。千万不要再提什么当不当大汗的事了。"

多尔衮："为什么不能提呢？你一定知道什么，对不对？"

大玉儿："反正我不许你再提了！我只要你好好地活着！"

这里，大玉儿显然是站在多尔衮这个位置上，忧心忡忡。

实际上你觉得大玉儿会这么难过吗？那差远了！

这个时候，皇太极当上了大汗，这对于布木布泰来说，她心里面应该说是非常高兴，激动万分。我的男人当大汗了！只有我的男人当大汗，我的父亲、我的爷爷交给我的使命才能够完成！现在我的任务，就是赶紧给皇太极生个儿子。

没有感情的婚姻

话说到这里，我们到了必须要回答下面的问题的时候了：努尔哈赤的大福晋死的时候，布木布泰和她的丫鬟苏茉儿能否在场呢？布木布泰如果的确可以在场的话，她的身份又是什么呢？

我们的答案：努尔哈赤的大福晋死的时候，布木布泰和她的丫鬟苏茉儿是能够在场的，布木布泰当时的身份就是皇太极的侧房福晋。

哲哲自从1614年嫁给皇太极以后，直到她死，一直没有能够给皇太极生个儿子。正是因为如此，所以哲哲才向皇太极，同时也向她自己的父亲莽古思提议将自己的亲侄女布木布泰嫁给皇太极。

怎奈布木布泰也没有给他生儿子，只是连续给他生了三个女儿：1629年生皇四女，后来受封为固伦雍穆长公主；1632年生皇五女，后来受封为固伦淑慧长公主；1633年又生下皇七女，后来受封为固伦端献长公主。三位公主，成年后分别嫁与蒙古贵族弼尔塔哈尔、色布腾和铿吉尔格。

在这种情况下，1634年，皇太极又娶了布木布泰的姐姐海兰珠。

问题又出现了：孝端皇后是什么时候向自己的亲侄女布木布泰提亲、要求自己的亲侄女布木布泰嫁给皇太极的呢？那个时候，布木布泰与多尔衮是否已经产生了感情呢？

关于这些，电视连续剧《孝庄秘史》中是这样描述的：

孝端皇后向大玉儿提亲，大玉儿坚持不肯嫁。孝端皇后此刻才知大玉儿已与多尔衮互许终身。孝端皇后陷入两难之中，因为大玉儿是皇太极亲口要的人，再加上皇太极对多尔衮心有芥蒂，大玉儿若不答应亲事，恐会引起皇太极不满，不利于多尔衮、多铎兄弟。

正当大玉儿的婚事陷入僵局之时，多铎抱着多尔衮的金盔星夜归来，向皇太极报告多尔衮的死讯。

得知多尔衮战死沙场，大玉儿近乎崩溃，几度寻死。但在苏茉儿劝说下，大玉儿决定嫁给皇太极，好保全多铎性命、为多尔衮报仇。

为探求多尔衮死因，大玉儿、苏茉儿偷听皇太极与阿敏谈话，才知多尔衮是被阿敏陷害而死。得知真相的大玉儿悲愤不已，但此时皇太极发现了藏身于书架后面偷听的大玉儿与苏茉儿……

大玉儿施以巧计，媚惑皇太极，也解除了皇太极对她们两人的怀疑而得以脱身。大玉儿娇俏的容颜皇太极越看越爱，回味无穷。

阿敏仗着力挺皇太极取得汗位之功，挟功要挟皇太极；皇太极为自己汗位尊严受到冒犯而大为生气，但仍以大局为重，暂时相忍以待。

小玉儿得知大玉儿将嫁皇太极，除了揶揄大玉儿，更将多尔衮的死归咎于大玉儿。而多铎也从小玉儿口中得知了大玉儿要当侧福晋的消息，愤怒指责大玉儿无情无义，要当面痛斥大玉儿，却被苏茉儿拦下，反说大玉儿这样做都是为了他和多尔衮兄弟，而多铎怎么也不明白其中的玄机。此时大玉儿来到了她与多尔衮临别前的槐树下，对空望月，泪流满面。

小玉儿趁大喜之日，想将大玉儿与多尔衮相恋之事，告诉皇太极，正说到关键处，竟传来多尔衮负伤回京的消息……

为了怕多尔衮想不开，众人特意对他隐瞒大玉儿嫁皇太极之事，但小玉儿却故意泄露消息，让多尔衮几近崩溃。

大玉儿得知多尔衮死里逃生，急得想悔婚逃回多尔衮身边。孝端皇后告诫大玉儿：她若与多尔衮私奔，恐将引来灭族之祸，她和她心爱的多尔衮也将被杀，而如此，大福晋岂不是白白死了？大玉儿只得狠下心来，放下儿女私情，嫁给了皇太极。

婚礼隔天，凭着一口气，多尔衮出席了大玉儿对亲友敬茶的仪式。仪式中，多尔衮忍不住心中悲痛，狂吐鲜血。此情此景，大玉儿只能焦急于心，而多尔衮冷言相对，对大玉儿直言：错爱了她，错爱了她，错爱了她！

其实，历史的真实，并不是这样的！上述内容的错误之处在于：

第一，布木布泰与皇太极结婚的时间是在努尔哈赤去世之前的1625年。正是从这个角度来说，我们才能够说1626年秋努尔哈赤去世的时候，布木布泰是可以在场的。正是从这个角度，我们才能够说当努尔哈赤的大福晋死的时候，布木布泰和她的丫鬟苏茉儿是能够在场的！

第二，布木布泰与皇太极结婚的时候，布木布泰才12岁！说12岁的布木布泰与多尔衮互许终身？这不是笑话吧？在历史上，这是不可能的！如果我们说12岁的布木布泰喜欢与跟自己差不多大年纪的多尔衮——当时多尔衮13岁——玩耍，这是可以的；但是如果我们说12岁的布木布泰与13岁的多尔衮产生了爱情，这就有些过分了哟！这就有些不切合实际了！因此，我们的结论是：布木布泰与皇太极结婚的时候，布木布泰与多尔衮之间是没有什么感情的。

都是儿子惹的祸

问题又出现了：为什么能够出现姑姑和侄女三人同侍一夫的现象呢？

其实，姑姑和侄女三人同侍一夫的现象是非常正常的，一点儿也不乱！答案很简单：出现如此混乱的婚姻关系，就是纯粹的利益驱动的结果。

美丽从来就不是帝王选择后宫的唯一标准，清代帝王选择后宫时考虑最多的还是政治利益。无论是先出现的亲姐妹嫁给亲父子，还是后出现的姑姑和侄女三人同侍一夫，都是科尔沁部和建州女真的后金政权结盟的结果。这主要是因为当时的努尔哈赤想拉拢蒙古族的科尔沁部。

当时建州女真八旗和蒙古科尔沁部的通婚相当普遍，皇太极后来的“崇德五宫”全部都是蒙古族人，而科尔沁部就占了三宫，分别是布木布泰的亲姑姑哲哲、布木布泰的姐姐海兰珠和布木布泰本人。

清军入关之前，这样的婚姻方式对后金政权来说是合理的。因为庄妃的姑姑哲哲在嫁给皇太极后久未生育，如果没有生育，蒙古科尔沁部和后金政权的结盟就不稳固。于是皇太极就娶了布木布泰。

可是，12 岁就结婚，这是不是有点儿太早了呢?

完全不早了！要是 12 岁再嫁不出去，就真的要成为大龄青年、要成为老姑娘了。

诸位有所不知，满洲人和蒙古族人有早婚的传统。

我们可以注意到这样一个现象，就是草原上的人民都是以游牧为生。每一个大人都要外出放牧。所以，一般而言，家里面的一切都是由小孩子照料的，比如说，多尔衮的哥哥皇太极早在 7 岁的时候就开始当家理财了，而且还当得很好。

但是，这个小孩子在照料家的时候，他是很需要有个伴儿的，最好的伴儿就是异性伴侣。

更何况北方草原民族经常吃肉，也就越发早熟一些。不过，有一个问题需要注意，虽然满洲人和蒙古族人都是以肉食为主要食物的民族，但是这两个民族的肉食种类却截然不同：蒙古族人的主要肉食品种是各种牛羊肉，因为在中国历史上，蒙古大草原上所有的民族都是世世代代以放牧各种牛羊、食各种牛羊肉为生的。正如中国的一首有着悠久历史的传统民歌中所唱的那样，“天苍苍，野茫茫，风吹草低见牛羊”。而满洲人的前身女真人则世代生活在寒冷的东北地区，在这里没有能够越冬的牛羊，他们就只能依靠猎获野猪、食用猪肉为生。也就是说，在中国 56 个民族当中，没有比满族人更爱吃猪肉的民族了。满族人爱吃猪肉，那是很有传统的了。

这样，就逐渐养成了草原民族早婚的传统。

因此，布木布泰在 12 岁的时候结婚应该算是正常的结婚年龄。

怎奈布木布泰也没有给他生儿子，正是在这种情况下，1634 年皇太极才又娶了布木布泰的姐姐海兰珠的。

不管怎么说，这个布木布泰算是嫁给了皇太极，也就成为众所共知的庄妃。在庄妃与皇太极共同生活的 18 年中，有很多庄妃协助皇太极治理国家的故事，其中比较有名的就是用计除去袁崇焕和招降洪承畴了！

问题在于，在历史上，是否有过设计除去袁崇焕和招降洪承畴一事呢？如果有的话，是否是庄妃的功劳呢？

福临出生前后

通过前面的介绍可以看出，皇太极之所以能够在1626年继承后金政权的汗位，除了有内部强大的支持者——代善的长子岳托和三子萨哈璘之外，完全是因为外部的原因：明朝的大将——气死了努尔哈赤的袁崇焕的存在！换句话说，皇太极即位之后，后金政权内部的江山已经稳定下来。而明朝大将军袁崇焕成了满洲进军中原实现统一中国梦想的最大障碍。如何除去后金政权最危险的敌人——心腹大患袁崇焕呢？这就成了他们的当务之急！

最危险的敌人

在电视连续剧《孝庄秘史》中，是庄妃提出了反间计，而且引用了《三国演义》第45回，才启发了皇太极，把袁崇焕给灭掉了。我们先来看看电视连续剧《孝庄秘史》中的相关介绍：

庄妃：“这个袁崇焕很厉害吗？”

皇太极：“他是个进士出身，却能打仗。守得这辽东一带是固若金汤啊！可是新皇帝崇祯信任他呀，给他尚方宝剑，把东江守将毛文龙给杀了。崇祯都没说话呀。”

庄妃：“可是，崇祯没说话。心里也是这么想的吗？”

皇太极：“这话倒挺有意思的。”

庄妃：“弄不好他还是个生性多疑的人呢。”

皇太极：“那不就跟三国里头的曹操一样吗？”

庄妃：“有了！有法子了！”

皇太极：“玉儿你真是我的福星！谢谢！”

庄妃：“莫非是要用第四十五回的反间计？”

事实上真是如此吗？

我们要知道，在袁崇焕被后金方面设反间计调离辽东前线的 1629 年，庄妃只有 16 岁，而她的丈夫皇太极已经 37 岁，更为重要的是，庄妃的公公努尔哈赤的一生中案头必备的一本书就是《三国演义》，我们很难想象 16 岁的庄妃对于《三国演义》的熟悉程度要超过她的丈夫皇太极！同样，我们也很难想象一个 16 岁的小女孩居然成了时年 37 岁的后金政权的大汗皇太极的得力助手。

因此，我们可以确定地说：事实完全不是电视连续剧《孝庄秘史》中所演的那样。设反间计启发皇太极除掉袁崇焕的这桩历史公案的策划者应该另有其人！

那么，历史上提出反间计的人到底是谁呢？

这个人就是范文程——大清王朝的第一谋士范文程！

屌丝进阶之路

说起范文程这个人，他可是名人之后。

根据范文程自己的说法，他是宋朝名臣范仲淹——名言“先天下之忧而忧，后天下之乐而乐”的作者——的后裔。

我们都知道，范仲淹曾经主持了北宋中期最为著名的两次改革中的一次——庆历新政（另外一次是王安石变法）。在改革失败、本人落难的情况下，范仲淹还在《岳阳楼记》中豪迈地说出了至今仍然令我们每一个中国人都非常感动的话语：“先天下之忧而忧，后天下之乐而乐。”至今范仲淹仍然是我们每一个中国人的榜样。

正是范仲淹，率领了北宋著名将领杨业（就是我们通常所说的杨继业）的孙子杨文广进行了著名的抗击西夏的战争。我们完全可以自豪地说，范仲淹是一个鼎鼎有名的民族英雄！

但是，范文程与他的祖先范仲淹相比，就完全不可同日而语了。

说起来，范文程的一生也很不容易。

范文程，出生于 1597 年。他的先祖在明朝初年自江西贬往沈阳。他的曾祖在明嘉靖时曾任兵部尚书，祖父范沈曾任明沈阳卫指挥同知。

范文程自幼好学，才智过人。1615 年，也就是他 18 岁的这一年，他在沈阳县学考取了生员（也就是我们通常说的秀才）。正当范文程踌躇满志，决心在仕途道路上有所作为的时候，灾难突然来临。1618 年，后金政权首领努尔哈赤带兵南下，攻克抚顺等地，大肆掳掠，并将所得人畜 30 万分别赏赐给有功官兵，21 岁的范文程身在被掳之列，从而沦身为奴。

皇太极登基后，开展各项改革，范文程一生中的转机也随之来到。1629 年，皇太极设立文馆，要求文馆“以历代帝王得失为鉴，并以记功之得失”。这就不由得使人联想到一代名君唐太宗关于“以铜为镜，可以正衣冠；以古为镜，可以知兴替；以人为镜，可以知得失”的名训。

文馆设立后，便急需有用之才供职其中。所以皇太极又颁布上谕：“自古国家文武并用，以武功勘祸乱，以文教佐太平。朕今欲振兴文治，于生员中考取其艺文通明者，优奖之，以昭作人立典。请贝勒以下满、汉、蒙古家，所有生员俱令考试。……有考中者，仍以别丁赏之。”

范文程就属于文中所说“生员”的范畴。这次应试的生员共计300多名，考取了近200名，范文程有幸名列其中。这样，范文程因祸得福，他凭着自己的聪明才智，从一个奴隶一步步登上了群臣之首的显赫官位。

进入文馆后的范文程，第一件事情就是要想方设法改变东北的战局——这个时候的中国东北，大明王朝占有着绝对优势地位，范文程所属的后金政权处于相对落后的地位。而这大明王朝的优势地位的取得，是和大明王朝东北地区的守将袁崇焕密不可分的。

如何除去袁崇焕呢？范文程想到了反间计！

反间计除大患

话还要从1629年说起。

1629年，在整顿好内政后，皇太极大举兴师伐明。范文程也随军出征。在范文程的协助下，与努尔哈赤时代相比，皇太极的此次进军有了一些显著的变化。在这些显著的变化中间，最主要的变化就是突然改变进军路线。

自从努尔哈赤在宁远被袁崇焕战胜郁闷身死之后，皇太极在宁远、锦州一线与袁崇焕也进行过反复较量，但都以损兵折将而告终。因此，在范文程等人的筹划下，皇太极此次出师伐明，改变了传统的进军路线。

所谓传统的进军路线，就是指清朝的八旗兵走锦州、出山海关、经蓟州、越三河、至通州，直逼北京。

这一次，在范文程的筹划下，皇太极率领八旗兵主力大军由喀喇沁部蒙古人作向导，从山海关西面、位于今天河北省迁西县城北40公里处的喜峰口越过长城，径入明朝内地；而范文程则率领偏师沿潘家口、马兰峪、三屯营、马栏关、大安口一线进发，以从旁支持主力。

在这次战事中，范文程独当一面，发挥了重要作用。他智勇兼施，力克潘家口、马兰峪、三屯营、马栏关、大安口五城。明军曾集中诸城兵力，拼命反扑，将大安口层层包围。范文程采用火攻之计，解了重围，有力地配合了主力部队的行动。

而皇太极率领的八旗兵主力大军在遵化一带立稳脚跟后，便由蓟州越三河、略顺义、至通州，渡北运河直逼北京而来。

皇太极将军队一下子驻扎在离北京城关仅两里之遥的南海子一带，明朝上下大乱，慌乱无比。明总兵满桂等拒敌于德胜门、安定门外；城上明军发炮助战，竟打伤了自己的军队，连满桂本人也被伤及，只好率残兵躲入城中，坐以待毙。

袁崇焕得知皇太极绕道入关，即挥宁、锦将士回师救助，使其锐气大为挫伤。皇太极亲往袁崇焕阵前察看营寨形势，见阵坚难破，无法力取。便接纳了范文程等人的建议，下令撤兵。

建议撤兵，这是为什么呢？难道大名鼎鼎的范文程就是如此不顶用吗？

其实，当时的范文程心里想，与其强攻，不如智取！

智取？如何智取？最为容易的办法就是实施反间计！

反间计，出自《三十六计》，原文是这样的，“疑中之疑。比之自内，不自失也”。意思是说，在欺骗敌人的手段中又布置一层“迷雾”，顺势利用敌垒内间谍辅助我做工作，就可以有效地保全自己，争取胜利。《孙子·用间篇》中也说："反间者因其敌间而用之"，意思是收买或利用敌方派来的间谍为我所用。

战争中使用反间计，古已有之。但是最为典型的当属《三国演义》中的例子，魏吴对峙赤壁，大战即将开始。曹操的谋士蒋干与东吴的都督周瑜有旧交，曹操派他以访友为名，乘机刺探东吴军情，进行间谍活动。周瑜识破了蒋干的来意，便使用了反间计，佯装热情，邀蒋干与自己同床而卧。军士按计半夜禀报周瑜有急事离帐。蒋干起床在周瑜案上书中翻到一封曹操水军将领蔡瑁、张允给周瑜的纳降内应信，蒋干不知是假，偷书信逃回曹营，曹操一怒之下杀了蔡瑁、张允，水军大弱。后曹操才知中计，后悔莫及。

反间计之所以百试百灵，主要原因就是利用了君王对于大臣的怀疑心理。只要是家天下，君王对于大臣的怀疑心理就是所有的封建王朝都不可能避免的。

现在的问题在于，范文程如何实施反间计呢？

话说皇太极久攻北京不克，便在范文程如此这般的授意之下下令撤兵回师了。

但是，在此之前的进攻过程中，清朝的八旗兵曾经俘获过两名明朝的太监。太监是宦官的俗称。明朝的宦官权势很大，他们是朝廷中与皇帝最为接近的人之一，也是皇帝最为相信的人之一。一般来说，所有重大的战役，皇帝都要派出自己最为信任的太监作为监军。监军的主要职责，其实就是监视前线指挥官的言行举止。

在皇太极撤退途中，便暗中命令手下大将高鸿中、鲍承先等坐在非常靠近这两个太监的地方，并故作耳语道："今天退兵，其实是皇上（指皇太极）设下的计策。前不久，皇上独自骑马到袁巡抚阵前，跟袁巡抚派的两个人谈了好长时间。袁巡抚跟咱有密约，图明的事眼看就要大功告成了。"

然后，又故意给姓杨的太监一个逃脱的机会，杨太监逃回北京，便把他听到的“重大机密”一五一十地禀报给了崇祯皇帝。

当时，朝中一些反对袁崇焕的人早已纷纷诽谤袁引狼入室，正要胁迫朝廷答应他提出的与后金议和的主张，好与后金订立城下之盟。

崇祯皇帝一贯刚愎自用、独断多疑，他对袁崇焕本已有了疑心，听了杨太监的密奏，便不分青红皂白，召袁崇焕问罪，将其下狱。1630年8月16日，袁崇焕被以“叛逆”“擅主和议”罪名判处“凌迟”。

明末清初人计六奇在他的《明季北略》中“鲜活”地记载了袁崇焕被处以“凌迟”的真实细节过程：“遂于镇抚司绑发西市，寸寸脔割之。割肉一块，京师百姓从刽子手争取生啖之。刽子乱扑，百姓以钱争买其肉，顷刻立尽。开腔出其肠胃，百姓群起抢之，得其一节者，和烧酒生啮，血流齿颊间，犹唾地唾骂不已。拾得其骨者，以刀斧碎磔之。骨肉具尽，只剩一首，传视九边。”浓浓血腥溢于字里行间，读来不免令人肌肤悚然生寒。这个记载说明当时京城上下人人都中了皇太极的“反间计”，误认为袁崇焕“通敌”。

皇太极用反间计使大明崇祯帝“自毁长城”。《明史·袁崇焕传》说：“自崇焕死，边事益无人，明亡征决矣！”此后的1634年，皇太极亲统大军，长驱直入中原，蹂躏了宣府、大同一带。

不久，皇太极于1636年正式称帝，建立大清政权。

要说到皇太极称帝建立大清政权，就不得不提到两个与大清政权相关的民族——朝鲜民族和蒙古民族，因为这两个民族对大清政权简直是太重要了。不征服他们，皇太极的政权就不能从外部巩固。

采取什么手段征服他们呢？皇太极采取了两种不同的办法：

对于邻邦朝鲜，皇太极采取了以打为主、辅之以拉的办法；对于自己的妻子布木布泰的家族所在的蒙古民族，皇太极采取了以拉为主、辅之以打的办法！

这是为什么呢？话还要从皇太极第一次出征朝鲜说起。

平壤之盟

朝鲜原来一直是明朝的属国，自14世纪末建立李氏王朝以来，与明朝的关系密切，被纳入明朝全辽战略的体系之中。因此朝鲜对于控制东北地区的女真族势力，起着相当重要的作用。

1592年，日本的丰臣秀吉率兵侵犯朝鲜，明朝出兵协助朝鲜。这场战争胜利以后，朝鲜与明朝的关系进一步密切。努尔哈赤势力兴起后，明朝在随后的萨尔浒等战役中，就曾征发朝鲜军队助战。

在努尔哈赤的后金势力进入辽河以东地区并向西辽河地区扩展时，朝鲜的存在就成为他们的后顾之忧。因此，控制朝鲜或征服朝鲜，就成为后金对明作战总战略的一个组成部分。

1627年春，皇太极为了缓解进攻明朝时的后顾之忧，准备用武力来迫使朝鲜就范。他派大贝勒阿敏和济尔哈朗、阿济格、杜度、岳托、硕托等率大军进攻朝鲜。朝鲜方面防御很差，金兵进兵神速，不足半月时间，就攻陷平壤。朝鲜国王李倧抵抗不利，率王妃、子女逃到江华岛，派遣使者向金军求和。

两个月后，阿敏派代表到江华岛，与李倧举行盟誓，并违反纪律，命令八旗将士分路掠夺三日，获大批财物、人畜后退出朝鲜。

皇太极此次用兵朝鲜的军事目的是想给朝鲜势力以打击，迫使朝鲜不敢轻易出兵骚扰金兵的后方；其政治目的主要是企图以武力迫使朝鲜切断与明朝的关系，使其在金明交战中能倾向金国，或保持中立；在经济上想因粮于朝鲜，以解金国大饥馑造成的燃眉之急。而朝鲜方面，则幻想在金兵入侵时，能得到明朝的援助，虽然战败，仍不愿就此屈服。同时，金国在当时主要的进攻目标是明朝，想用全力争夺辽东地区，实际上不可能倾全力于朝鲜，和议既成，就急速回师。

所以此次进军朝鲜，皇太极并未达到预期的目的，“平壤之盟”的性质是一种“兄弟之盟”。朝鲜对于议和条件，事后都没有完全履行，对金国采取一种敷衍的态度，仍然与明朝保持君臣关系，以物资和船只等支持明朝对金的军事行动，而且更加积极备战，对金国要求遣还逃人一节，也尽量推托不办。

对于后金要求朝鲜与明朝断绝关系一事，朝鲜国王李倧公然向皇太极表示：“贵国既欲议和息兵，甚为美意，故孤亦喜而许之。但念敝邦之于明朝，君臣分义甚重，若贵国要我负明，则宁以国毙，断不敢从！”

不过，这个时候的皇太极可来不及想那么多了，因为他觉得他称帝的时机已经到了。因为在征服朝鲜之后不久，皇太极就从自己的妻子布木布泰的家族所在的蒙古民族的手里得到了传国玉玺！

一统万年之瑞

说起来，大汗是北方少数民族的首领通用的称呼，没有什么特别的地方。但是，要想称帝，就不是那么容易的事情了：必须要有称帝的借口。这个借口或者是天降神瑞之类，或者是得到意外财富之类。在电视连续剧《孝庄秘史》中，皇太极能够称帝就是因为他得到了一枚玉玺——据称这枚玉玺还是一枚传国玉玺！

问题在于，这枚传国玉玺是怎么来的呢？

说起来，这枚玉玺也有着一段非同寻常的经历呢！

和氏璧原来产于楚国，卞和发现后几经磨难，才落到了楚国的国王手中；后来，又几经辗转，落到了赵国国王手中；不幸又为秦王设计骗去，这才有了蔺相如“完璧归赵”的故事；自从秦朝统一后，这枚由著名的和氏璧雕刻成的玉玺就落到了秦始皇嬴政手里！公元前207年，刘邦进入咸阳，秦朝灭亡，秦王子婴把这枚由和氏璧雕刻成的玉玺献给了汉高祖刘邦。东汉灭亡后，这枚玉玺一度落到了东吴的孙策手里。此后，在我国的历史上，它就下落不明，再也找不到了。

它到了哪里呢？据说，它最终流落到了北方少数民族匈奴人的手里。此后，从汉朝传到元朝，它一直在北方少数民族首领手中流传。元顺帝北逃时还带在身边。但是随着元朝的灭亡，它又再度下落不明。

200年后，一个牧羊人见一只羊三天不吃草，而用蹄子不停地刨地。牧羊人好奇，挖地竟得到玉玺。后来玉玺到了林丹汗手中。

当然，那枚真实的、由和氏璧雕刻而成的传国玉玺其实早就找不到了，人们只是愿意相信林丹汗手中的这枚玉玺就是由和氏璧雕刻而成的传国玉玺而已！

就是为了这枚实际上是假的传国玉玺的玉玺，在电视连续剧《孝庄秘史》中，还引起了多尔衮和多铎兄弟二人的贪念。于是故事就这样发生了：

因为大家都知道这样一个常识：得到传国玉玺的人就能得到天下。所以，多铎动念要多尔衮用传国玉玺推翻皇太极，兄弟俩争执之际，豪格闯入，对两人起了戒心。

赶在大军回国前，豪格差人向皇太极报讯，说多尔衮与多铎有反叛之心，皇太极疑心大起，备下重兵准备捉拿多尔衮。大玉儿由孝端皇后处察知皇太极心思，在多尔衮回京的前一夜，命苏茉儿偷偷通知多尔衮，让多尔衮献出玉玺免除大祸，没料到被探访多尔衮的豪格撞见苏茉儿，多尔衮虽谎称苏茉儿是自己府第前来报讯的丫头，但数日后，豪格却在大玉儿身边认出苏茉儿，引发了皇太极对大玉儿和多尔衮之间关系的怀疑。

苏茉儿灵机一动，用计搪塞，承认大玉儿确实派她送信给多尔衮，为的却是多尔衮的家事。原来多尔衮出征前宠爱侍女乌兰，乌兰怀有身孕，却在多尔衮出征时流产，京中盛传是小玉儿虐待所致，大玉儿为了怕多尔衮回家发怒，致使家庭不和，才派苏茉儿先去开导多尔衮。

于是一场可能爆发的冲突就这样化险为夷了！

历史上真是这么回事儿吗？话还要从皇太极三次出征漠南蒙古察哈尔部谈起！

独坐南面

前面我们讲过，皇太极即位之初是四大贝勒当政，群臣上朝时他们共同南面而坐，而共坐南面突出不了皇太极的地位。皇太极处心积虑夺取“南面独坐”权，借用各种机会把其他三贝勒打下去。

1630 年，皇太极以阿敏从滦州、遵化等地败归、心怀异志僭拟国君等 16 条罪状将他幽禁籍没。1631 年，皇太极又以持刀“向前”（行刺皇太极）为罪名处置了莽古尔泰。在明白了皇太极杀鸡给猴看的手法后，代善便自个儿要求下台。终于，皇太极“南面独坐”，稳固了权力。

内部稳定之后，皇太极开始向漠南蒙古察哈尔部的林丹汗开战！

问题在于，皇太极为什么要屡屡地向漠南蒙古察哈尔部的林丹汗下手呢？我们还要从察哈尔部在漠南蒙古中的地位谈起。

明清之际，我国蒙古分为三大部：漠南蒙古即内蒙古、漠北蒙古即外

皇太极
处心积虑夺取
「南面独坐」
借用各种机会把
三贝勒
打下去

纪连海语录

皇太极得到『一统万年之瑞』——虽然他明明知道这枚玉玺是假的，可他还是大喜过望——如同自己的统治地位就真的得到上天的认可一般。他亲自拜天，并告祭太祖福陵。

蒙古、漠西蒙古即厄鲁特蒙古。

漠南蒙古位于明朝和后金之间，并同明朝定有共同抵御后金的盟约。漠南蒙古察哈尔部林丹汗，也是元太祖成吉思汗的后裔。

林丹汗的势力非常强大，据说又有传国玉玺作为后盾——在那个时代，很多人还都非常迷信，非常相信有传国玉玺的人就能拥有天下这个道理。因此，这个时候的林丹汗自称是全蒙古的大汗，而明朝政府每年也给林丹汗送来大量“岁赏”，使其同后金对抗。因此，这个时候的林丹汗就成为后金政权南下的最为重要的障碍！

努尔哈赤时，漠南蒙古东边诸部多归服后金，但察哈尔部成为漠南蒙古诸部对抗努尔哈赤父子的坚强堡垒。皇太极即位后，西向三次用兵，其主要目标是察哈尔部的林丹汗。

1628年，皇太极利用漠南蒙古诸部的矛盾，同反对林丹汗的喀喇沁等部结盟，首次亲统大军进攻林丹汗。到敖木伦，获得胜利，俘获11000余人，后乘胜追到兴安岭。

1632年，皇太极再次率军远征林丹汗，长途奔袭至归化城（今呼和浩特市）。林丹汗闻讯，惊慌失措，星夜逃遁。皇太极回军，途中获得明塞外民众数万、牲畜10余万。此后，察哈尔部众叛亲离，分崩瓦解。林丹汗逃至青海打草滩，出痘病死。

1635年，皇太极命多尔衮等统军三征察哈尔部。林丹汗的继承人、其子额哲率部民千户归降，昔日为敌20余年的察哈尔举部投降，广阔的漠南蒙古归于清朝。与此同时，元朝的传国玉玺也落到了皇太极的手里。

问题在于，我们前面所说的引起了多尔衮和多铎兄弟二人贪念的故事，在历史上发生过吗？

其实在历史上没有这个方面的记载。也就是说，这个故事只是电视连续剧《孝庄秘史》的编导的合理想象而已。

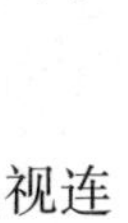

但是，上述故事中有两个问题需要澄清：

第一，即便多尔衮和多铎兄弟二人的确有贪念，而且他们的贪念被皇太极怀疑，大玉儿命自己的丫鬟苏茉儿偷偷通知多尔衮，那么这样的事情会发生吗？

第二，多尔衮出征前宠爱的侍女乌兰怀孕流产一事是真的吗？

关于前一个需要澄清的问题，我们可以说，这样的事情是不会发生的——后金政权在战争中是不允许女人进入战场的。关于后一个需要澄清的问题，我们在后面的内容中还要有进一步说明，这里暂且不表。

现在，我们需要关注的应该是皇太极称帝了。

皇太极得到“一统万年之瑞”——虽然他明明知道这枚玉玺是假的，可他还是大喜过望——如同自己的统治地位就真的得到上天的认可一般。他亲自拜天，并告祭太祖福陵。

改国号称皇帝

此后，他迅速决定：改族名女真为满洲，改“大金”国号为“大清”，自己的称号由“大汗”改为皇帝。这是为什么呢？

1635年11月22日（十月十三日），皇太极发布改族名女真为满洲的命令。从此，满洲族（辛亥革命以后简称为满族）的名称正式出现在中华和世界的史册上。

满洲这个名称到底是怎么来的呢？皇太极为什么要发布命令改族名为满洲？

前面说过，明代女真曾分成许多大小部落，满洲是建州部所属的一个小部落，努尔哈赤父祖即属于该部落。后来因为努尔哈赤起兵实现了女真各部的统一，“满洲”这一名称随之也逐渐显赫并用之称呼整个女真。但当时明朝官私著述中都没有用过“满洲”这一名称，他们经常用的是建州或女真。朝鲜人也称他们为建州或女真。满族自己则或称女真，或称诸申。

由于女真和诸申都是同音的演变和汉字的不同写法，而不同的称呼对清朝统治产生不利影响，有必要予以统一。1635 年，皇太极明确规定，满族人一律称满洲，不准称诸申。1777 年，清朝政府下令编纂《钦定满洲源流考》，再一次肯定满洲为部族名。有清一代满洲一直作为民族的名称，同汉、蒙、回、藏等并用。迄今所称满族就是满洲族的简化。

至于“满洲”二字的含义如何，现在尚无一致意见。清代官方的代表性看法是，“满洲”二字来源于西藏每年朝贡称曼珠师利大皇帝，曼珠汉译为妙吉祥，满洲是由曼珠演变而来。但西藏于 1642 年才向清朝朝贡，满洲这一名称此前已存在。另一说是，明代初期女真曾出现一位赫赫有名的李满住，满住遂成为部落名称，后由满住之音而转为满洲，这一说法较前者可信。

皇太极为什么要发布命令改族名为满洲呢？究其原因，最主要的应该是以下两个方面的原因：

第一，清朝统治者避讳其先人曾受明朝统治，便有意把满洲称为族名。

第二，这是由于汉人普遍对女真人有仇视心理，因为早在宋朝时，当时女真人建立的金政权就经常南下骚扰，给汉人留下了极其不好的印象。因此，皇太极为了避免汉人记旧仇，给统治造成麻烦，所以将“女真”改为“满洲”。

1636 年 5 月 15 日（四月十一日），皇太极在沈阳皇宫大政殿举行皇帝即位的典礼，改国号“大金”为“大清”。

皇太极为什么改国号为“大清”呢？有一个传说：努尔哈赤早年逃难时骑着一匹大青马，慌急赶路，马被累死。努尔哈赤难过地说：“大青啊，大青，将来我得了天下，国号就叫大清！”当然这是一个传说故事，不必深究。不过，传说终归是传说，皇太极改国号“大金”为“大清”的真正含义正如同前面将“女真”改为“满洲”一样，是为了避免汉人记旧仇，给统治造成麻烦。也就是说，是为了缓和民族矛盾。

皇太极改国号、称皇帝还表明：他自己不仅是满洲的大汗，而且是蒙古人、汉人以及所有人的大汗，是大清国臣民的皇帝。

君臣之盟

皇太极改国号也好、称皇帝也好，邻邦朝鲜仍然不予承认。如何对付这个仍然不承认大清王朝的死硬反对者呢？

1636 年，皇太极正式建立大清政权，但是这个时候的朝鲜国王李倧拒绝派遣质子，不接待使臣，不派人为皇太极称帝“劝进”。这进一步激化了大清与朝鲜的矛盾。朝鲜积极备战，并请求大明王朝援助。

1636 年 12 月，皇太极亲率大军渡江，攻陷义州，势如破竹。另一路军进入平壤，直抵王京城下，朝鲜国王李倧逃至南汉山城，固守待援，被清兵包围。朝鲜援兵几次来解围都被击溃，汉城陷落。

1637 年 1 月，皇太极对李倧发出通牒，责令投降。李倧在内外援绝的情况下出降。此次李倧投降，清朝给予的条款与十年前的“平壤之盟”条款，性质已完全不同。“平壤之盟”虽然也是战败国与战胜国所定的屈辱条约，但毕竟是一种所谓“兄弟之盟”，稍存一些对等的意义。此次所议条款，完全把朝鲜降为清朝属国的地位，是一种所谓“君臣之盟”。所定条款，是由清朝一方提出的，要求朝鲜一方承认，作为“永定规则”。

朝鲜国王李倧上书皇太极，表示接受条款，并公开表示：“自（崇德二年）正月三十日以前则为明朝之臣子，正月三十日以后则为大清之臣子。”但是对于投降条款中的清兵征明时要求朝鲜出兵之事，李倧仍然感觉到非常为难。不管怎么说，朝鲜自此以后，还是由明朝的属国变成了清朝的属国。

皇太极两次用兵朝鲜，达到一石三鸟的目的——一是改变了朝鲜依违于明朝和清朝之间的立场；二是得到了来自朝鲜的物资供应；三是解除了南攻明朝的东顾之忧。

前面曾经讲过，1625 年，布木布泰在她 12 岁的时候，就嫁给了皇太极。为了完成科尔沁蒙古的秘密使命，她和她的姑姑哲哲、姐姐海兰珠，先后嫁给了同一个男人——皇太极。

一后四妃

就在布木布泰嫁给皇太极一年以后的 1626 年，后金政权的建立者、皇太极和多尔衮等人的父亲努尔哈赤去世了！布木布泰的丈夫皇太极顺利继承汗位，成为后金政权的第二任大汗。1636 年，布木布泰的丈夫皇太极又正式称帝，建立大清政权。这个时候，大清王朝的皇帝皇太极在盛京广蓄后宫，其中比较重要的就是他的“一后四妃”。

而让人感觉到非常奇怪、非常不解的是，在这都来自同一个民族——蒙古族，都来自同一个姓氏——博尔济吉特氏，只不过是分属于蒙古科尔沁部和察哈尔部的“一后四妃”中，布木布泰——也就是我们通常所说的庄妃却屈居最后一位。这是为什么呢？难道真的像《孝庄秘史》这部电视连续剧中描写的那样，是遭到了她的亲姐姐海兰珠的排挤吗？

其实，说到皇太极娶了这五位后妃，我们是非常容易理解的——主要是出于笼络蒙古民族的政治考虑。皇太极知道，只有笼络住了蒙古民族各部，大清王朝才有可能问鼎中原，完成中国的统一。

问题在于，为什么在“一后四妃”中庄妃的地位下降了？

通过前面的讲述可以知道，在皇太极的“一后四妃”中，庄妃是第二个入宫的——仅次于她的姑姑、皇太极的皇后博尔济吉特氏。在1636年皇太极册封“一后四妃”的时候，为什么庄妃的位置却落到了最后一位了呢？

在回答这个问题之前，我们首先要了解一下皇太极的“一后四妃”。

皇后博尔济吉特氏，她在娘家的名字叫哲哲，是蒙古科尔沁贝勒莽古思的女儿。1614年他们成婚那年，皇太极22岁，博尔济吉特氏14岁。皇太极即位后，博尔济吉特氏成为后金第一夫人，称中宫——清宁宫大福晋。1636年，皇太极登上皇帝宝座后，妻以夫贵，博尔济吉特氏就成为中宫皇后。

皇太极宠爱的还有四位皇妃：

第一位是关雎宫（东宫）宸妃，她在娘家的名字叫海兰珠，是中宫皇后的侄女，也是永福宫庄妃博尔济吉特氏的姐姐，1634年同皇太极结婚。他们结婚的时候，海兰珠25岁，皇太极42岁。

第二位是麟趾宫（西宫）贵妃，她在娘家的名字叫那木钟，为蒙古阿霸垓郡王额齐格诺颜之女。她原是蒙古林丹汗的囊囊福晋，林丹汗死后，投顺后金。同年，皇太极娶囊囊福晋为妻。那木钟贵妃后生下一子和一女。她的儿子博穆博果尔及其王妃，日后演绎出一段生动离奇的故事，留待以后再讲。

第三位是衍庆宫（次东宫）淑妃，她在娘家的名字叫巴特马·璪，原是蒙古察哈尔林丹汗的窦土门福晋。林丹汗死后，她携部众降金，不久被皇太极纳娶。她抚养蒙古一女，皇太极“命睿亲王多尔衮娶焉”。

第四位是永福宫（次西宫）庄妃，俗称大庄妃，名布木布泰，是科尔沁贝勒寨桑之女，又是中宫皇后博尔济吉特氏的侄女，关雎宫宸妃的亲妹妹。庄妃 12 岁嫁给皇太极，这一年皇太极 33 岁。皇太极即位后，封她为永福宫庄妃。庄妃作为一个女人，人生中最大的事就是为皇太极生下了一个儿子——爱新觉罗·福临，即后来的顺治皇帝。

此外，皇太极为了联络蒙古，还以次女下嫁林丹汗之子额哲，命济尔哈朗娶林丹汗遗孀苏泰太后为福晋，长子豪格及二兄代善、七兄阿巴泰分别同察哈尔部联姻，从而构成错综复杂的姻盟。

终于怀上了儿子

皇太极的很多措施我们都能够理解，但是让我们不能理解的是：皇太极为什么把后娶的、庄妃的姐姐海兰珠的位置放在了庄妃本人的前面呢？难道真的是像电视连续剧《孝庄秘史》中说的那样，存在姐妹恩怨吗？

还是让我们先来看看电视连续剧《孝庄秘史》中的介绍吧。

从电视连续剧《孝庄秘史》的介绍中，我们可以看到，海兰珠是庄妃的姐姐，她本来已经嫁过人了，嫁给了蒙古的贵族。后来她丈夫死了以后，她就自己回家了。有一次，她来到了宫中看望她的姑姑——当然也是庄妃的姑姑哲哲。这样她就认识了皇太极。于是就发生了下面的事情：

海兰珠：“从来没有人对我这么好。”

皇太极：“海兰珠。”

海兰珠："皇上。"

皇太极："以后，以后让我保护你。"

海兰珠："不！皇上。我已经嫁过人了，不值得皇上怜惜。"

皇太极："我偏要怜惜你，偏要！"

我们从电视连续剧《孝庄秘史》中的这段描述可以看出，海兰珠与她的妹妹布木布泰姐儿俩好像确实不太和睦：其中一个原因是海兰珠有身孕，并且还被太医看出来是一个男胎，因此皇太极宠爱海兰珠。正像电视连续剧《孝庄秘史》中皇太极所说的那样："你终于给我怀了一个儿子！"所以恃宠而骄的海兰珠，开始刻意排挤大玉儿。

这个时候，就有了另外一个人物——多尔衮的妻子——小玉儿出场了。在电视连续剧《孝庄秘史》中，小玉儿非常爱她的丈夫多尔衮，可由于多尔衮的心里面只有大玉儿，因此并不珍惜自己的妻子小玉儿。因此，被冷落了的小玉儿非常嫉恨大玉儿。因此，小玉儿就寻找各种时机来对付大玉儿。于是，就出现了下面的对话：

小玉儿："我说姐姐，皇上到底对你怎么样啊？"

海兰珠："很好啊。"

小玉儿："那怎么庄妃悄悄地就怀上了呢？皇上是什么时候去临幸她的？我看啦，人家是手段高明，暗地里使劲呢。"

海兰珠："我这个人反正一辈子命苦，也没什么手段。只要皇上对我们娘儿俩好，我就心满意足了。"

小玉儿："姐姐，这可不行啊！这后宫的事跟民间可是不同，日久生变。她们一个是皇后统领后宫，一个是手段高明装得可怜来陷害你。你防不胜防啊。你就是不为你自己考虑，你也得考虑八阿哥。他总得长大成人啊。将来这个日子可怎么过呀？”

海兰珠：“对，我不能忍气吞声。为了八阿哥我也不能。”

小玉儿：“对！这一步决不能退。”

海兰珠：“哼！姑姑不让我再踏入永福宫。谁稀罕！妹妹，你帮我放话出去。以后哪宫妃子，哪府女眷，谁要是再踏进永福宫，谁就是跟我过不去！”

在正史当中，这姐妹俩真的那么仇视吗？

首先我们要交代一下这个小玉儿的原型。在正史当中，这个小玉儿的原型是科尔沁部的另外一个台吉阿尔寨的女儿。1623年，多尔衮11岁的时候与她结婚。在野史上，有一种说法，说多尔衮的这个妻子很恶毒，她自己怀不上孩子，还极力阻止别的女人生下多尔衮的骨肉。但是，在正史上，却没有这样的记载。

我们还是把话说回来，继续说海兰珠与布木布泰这姐妹俩的恩恩怨怨。

在正史当中，海兰珠与布木布泰——别说她们姐妹俩了，再加上她们的姑姑哲哲——三个人团结如一体。

也就是说，海兰珠与布木布泰这姐妹俩应该是非常和睦的。因为她们只有一个共同的目标，一定要改造满清皇室的后代！一定要让满清皇室的后代世世代代有她们蒙古人的血统！

因此，从前面的讲述中我感觉，哲哲、布木布泰与海兰珠她们三个人颇有一点儿前赴后继的意思：一个没生孩子，咱们再来一个。咱科尔沁蒙古有的是美女，一定要让我们科尔沁蒙古人给你们满清皇室生出一个有蒙古血统的后代，让他来继承日后的满清江山，来完成我们借满清皇室人的手，复兴蒙古帝国大业的任务！因此，我们可以说，布木布泰与海兰珠姐妹俩之间的恩怨是从来没有发生过的。

但是，问题又出现了：既然布木布泰与海兰珠姐妹俩之间从来没有过恩怨，那为什么1636年皇太极在册封他的“一后四妃”的时候，第二个入宫的庄妃的位置却落到最后一位了呢？

其实原因很简单，这是妥协的产物！

皇后博尔济吉特·哲哲是最早入宫的，一开始就是皇太极的正房大福晋，到1636年皇太极称帝的时候他们两个人已经共同生活22年了，俗话说得好，一日夫妻百日恩，百日夫妻似海深！22年的感情，不能因为她没有给皇太极生养孩子就把她废掉吧？何况她还是皇太极的另外两位妃子——海兰珠和布木布泰二人的亲姑姑呢。不仅如此，更为重要的是，她们姑侄三人还来自蒙古族的同一个部落——大清王朝最为重要的支持者——科尔沁部！

1634年同皇太极结婚的、布木布泰的姐姐海兰珠，虽然她与皇太极共同生活的时间比较短，但是海兰珠毕竟是布木布泰的姐姐，而且她在这个时候刚刚怀了孕——这个还没有生下来的孩子经过太医查看证明是个男孩——这就意味着满洲皇室终于有了一个满洲皇室和蒙古科尔沁部的男性后代——而这对于巩固满蒙联盟则是非常重要的。

从这点上来说，虽然此时的布木布泰已经与皇太极共同生活了11年，但是这11年来，在皇太极的眼中，布木布泰基本上只是一个小孩子而已，两个人谈不上有什么共同语言的。更为重要的是，这11年来，布木布泰并没有给皇太极生个儿子——只是连续给皇太极生了三个女儿：1629年生皇四女，1632年生皇五女，1633年又生下皇七女——这样，就做不到母以子贵了！

我们再说这个麟趾宫（西宫）贵妃那木钟和衍庆宫（次东宫）淑妃巴特马·璪，她们两个人原来都是蒙古察哈尔林丹汗的福晋。而蒙古察哈尔部一直都是满洲皇室的劲敌，而让来自蒙古察哈尔部林丹汗的福晋作为自己的福晋则会让蒙古族人认为是很好地照顾了蒙古察哈尔部林丹汗的家室，这对于提高满洲皇室的威望是非常重要的。

在这种情况下，永福宫（次西宫）庄妃布木布泰的地位处在最后一位就很正常了。

有的读者读到这里的时候很自然地会想到下面的一个问题：你说的没错，但问题在于，如果布木布泰与海兰珠她们姐妹俩都给皇太极生了儿子的话，那么自然就会出现下面的问题：她们的这两个儿子，谁才能够继承日后的满清江山，完成科尔沁蒙古人借满清皇室人的手，复兴蒙古帝国大业的任务呢？

如果我们承认了上述的推断是正确的话，就会很自然地同意电视连续剧《孝庄秘史》中的另外一段描述：

海兰珠与布木布泰这姐妹俩都给皇太极生了个儿子，海兰珠的儿子先出生，之后是福临出生。然后海兰珠的儿子因病死了。接着海兰珠与布木布泰两个人的恩怨越来越重！

历史，是这样发展的吗？

历史，完全不是这样发展的！

真实的历史应该是这样的，先是海兰珠的儿子出生了。然后布木布泰才开始怀孕。到了这一年的正月二十八日（1638 年 3 月 13 日），海兰珠的儿子病死了。所以历史上就记载了他夭折的那一天，而没有详细记载他出生的那一天。

但是，奇怪的事情发生了：就在皇太极伤心欲绝的时候，1638 年 3 月 15 日（正月三十日），庄妃给皇太极生了一个儿子！这个儿子就是爱新觉罗 · 福临。

这个爱新觉罗 · 福临的名字可是皇太极亲自给起的哟——灾难过后大

福降临的意思。

有人说爱新觉罗·福临这个孩子命硬。正是因为爱新觉罗·福临命硬，最后我们可以看到，在皇太极死了以后，在未来的皇位竞争中，才会有爱新觉罗·福临的出场并且取胜。

不过，这是后话，现在的问题是，在爱新觉罗·福临出生不久，明清之间的松锦大战爆发了。

公元1638年3月15日
（正月三十），
庄妃终于生下孩子，
给皇太极
生了一个儿子！
这个儿子就是
爱新觉罗·福临

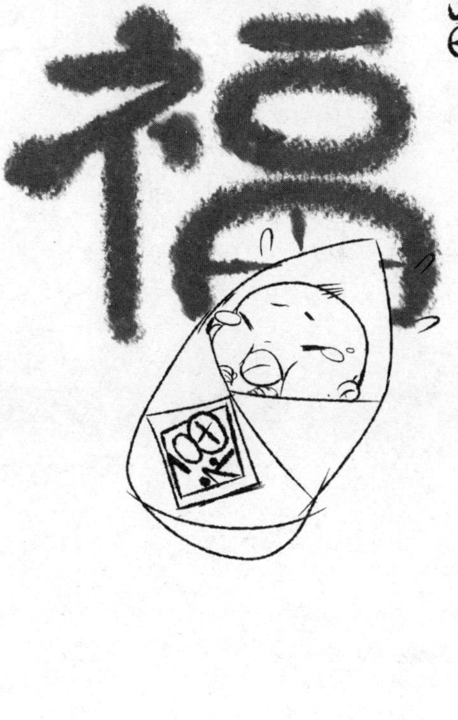

纪连海语录

但是，奇怪的事情发生了：就在皇太极伤心欲绝的时候，公元1638年3月15日（正月三十日），庄妃给皇太极生了一个儿子！这个儿子就是爱新觉罗·福临。

第二章 改元顺治

松锦大战，也叫宁锦大战。“锦”指辽宁省锦州市，“松”指锦州市南18里的松山，“宁”指宁远——今天的辽宁省兴城市。这三个地点都是东北通往关内的战略要地。松锦大战是大明王朝与大清王朝双方在1640年4月到1642年5月间为了打通进入关内的通道，以争夺宁远、锦州为目的，由多次大小不等的战斗组成的大规模战役。

此前，皇太极已经于1635年冬改女真族名为满洲，于1636年夏改后金政权为大清，皇太极本人也正式称帝。也就是说，这个时候的皇太极已经企图统治整个中国了！

但是，由于东北通向中原的咽喉山海关掌握在明朝军队手中，皇太极要想问鼎中原，就必须占领山海关！而要占领山海关，又必须夺取大明王朝在关外仅剩的八城：锦州、宁远、松山、杏山、塔山、中前、中后、前屯。而这关外八城之中，宁远、锦州肯定是双方争夺的重点。于是，皇太极便把宁远、锦州作为重点进攻目标。

俗话说得好，“工欲善其事，必先利其器”。此时的皇太极明白，要想打败明军，自己的手下必须要有最新式的武器——红衣大炮。此炮为西洋人制造，称作“红夷大炮”；满洲忌讳“夷”字而谐音为“衣”，称作红衣大炮。1631年年初，后金仿制的第一批红衣大炮在沈阳造成，定名为“天佑助威大将军”。这是八旗兵器史上划时代的大事件，也是八旗军事史上的一座里程碑。随后不久，皇太极在八旗军设置新营“重军”，就是以火炮等火器装备的重型新兵种——炮兵。从此，清军有了强大骑兵而明军没有，明军有的红衣大炮，清军也开始拥有。这样，皇太极纠正了他的父亲晚年所犯下的错误，使得后金军政事业有了新的发展。皇太极死后被谥为“文皇帝”，这个“文”字恰恰说明了他一生文治功业的特征。

1639年春，皇太极率军数万攻打松山，结果没有成功。1640年4月，皇太极令多尔衮、豪格、济尔哈朗等屯兵义州，以备粮草。1640年7月，皇太极任命多尔衮为攻打锦州的统帅。多尔衮驻锦州30里外，允许士兵轮流回家，城里人可以自由出入。皇太极知道后大怒，于1641年4月命济尔哈朗代替多尔衮职务。济尔哈朗在锦州四周挖深壕，把锦州围得铁桶一般。招守城明将祖大寿投降，结果仍然是没有成功。

1641年6月，明廷以蓟辽总督洪承畴率八总兵：大同总兵王朴、密云总兵唐通、宣府总兵杨国柱、山海关总兵马科、玉田总兵曹变蛟、蓟州总兵白广恩、宁远总兵吴三桂、前屯卫总兵王廷臣，以上共计13万兵马赴援。这13万兵马驻扎在宁远、锦州之间。

与此同时，祖大寿从锦州城中告诉洪承畴不要轻率作战，洪承畴也主张慎行。洪承畴计划粮饷辎重先由杏山输往松山，再由松山送往锦州。而就在这个时候，明朝的兵部尚书陈新甲却怕出兵时间过长，粮饷难以供应，于是派遣职方郎张若麒以监军身份要他们速战速决。崇祯皇帝也以密敕要洪承畴刻期进兵。

1641年9月1日，洪承畴率八总兵13万兵马开往松山；9月3日，13

万兵马到达松山。结果，宣府总兵杨国柱先到，陷入清军埋伏，中流矢而死，其职务由山西总兵李辅明接替。洪承畴将粮草放在宁远、杏山、塔山外的笔架山。玉田总兵曹变蛟的七营步军驻扎在乳峰山之西、松山之北，环以长壕；骑兵安排在城的东、南、北三个方向，壁垒坚固。在明军打击下，清军将领三降两死，多尔衮、豪格难以招架。

不久，皇太极率领清朝大军赶来支援。皇太极把清军埋伏在塔山、杏山、小凌河要隘，同时增加守护笔架山粮草的兵力。

这个时候的洪承畴与八总兵商议，决定让前屯卫总兵王廷臣、玉田总兵曹变蛟与洪承畴留在松山，其余六总兵分两路突围回到宁远。

就在这种情况下，大同总兵王朴和宁远总兵吴三桂没有等到规定的时间就率先乘夜色逃跑，慌忙之间竟连印信也被清军所缴获。受吴三桂、王朴的影响，其他四个总兵也各自夺路逃跑，致使清军乘势追杀，明军损失惨重。洪承畴的13万兵马，被歼5万多人。自此，锦州围困更急，松山也围困很紧，外援断绝。

1641年10月，洪承畴率领城中全部马步兵突围失败。1642年3月，守松山的副将夏成德降清，松山城破，洪承畴、曹变蛟、王廷臣及巡抚邱民仰、总兵祖大乐等都被俘。只洪承畴、祖大乐被送往沈阳，其余被杀。1642年4月，锦州无粮，“人相食”，祖大寿投降。随后，1642年5月7日，清军占领塔山；5月20日，清军占领杏山。松锦之战结束。

洪承畴是否中了美人计

失去松锦，明朝就失去了辽东到关内的战略要地。清军进入中原只是时间和机会的问题了。

松锦之战中的明朝大将洪承畴这个人可谓是袁崇焕第二。不过，他与袁崇焕的最终结局不同，袁崇焕因崇祯皇帝误中后金政权的反间计而杀，洪承畴却被清朝的军队俘虏了！

在这种情况下，等待着洪承畴的结局会是什么呢？洪承畴在思考着，清朝的皇帝皇太极也在思考着！

这个时候的皇太极在想：不管怎么说，洪承畴也是一员猛将。他至少能够抵得上千军万马！如果大清王朝能够招降洪承畴，那就等于大清王朝无形之中得到了千军万马！

问题在于，如何招降已经被俘的明将洪承畴呢？

于是就有了电视连续剧《孝庄秘史》中大玉儿招降洪承畴的这一段。

关于招降已经被俘的明将洪承畴，《清朝野史大观·多尔衮》中有一段记载是这样的：“洪承畴之降于清也，以世祖之母博尔济吉特氏劝降之功居多。”这里的清世祖，就是我们通常所说的顺治皇帝。因此，这里的世祖之母博尔济吉特氏实际上就是指顺治皇帝的母亲孝庄皇太后、皇太极的妻子庄妃！

问题在于：皇太极的妻子庄妃到底用什么手段招降了洪承畴呢？《清朝野史大观》中没有详细说明，所以后来的文学家们便发挥了他们充分的想象力，或把洪承畴降清归因于博尔济吉特氏所献的妩媚和人参汤，或把洪承畴降清归因于博尔济吉特氏所献的妩媚与皇太极赐予洪承畴的貂皮大衣。我们来看一看电视连续剧《孝庄秘史》中关于这段的描写。

爱才心切的皇太极想尽办法要收服洪承畴。可是这个洪承畴却是绝食而不从——正像洪承畴所说的那样，“我洪承畴只求一死明志”。为了让洪承畴投降，范文程和皇太极提出让大玉儿以美色相诱，趁机前去劝降——因为大玉儿才貌双全，只有她承担得起重任！大玉儿用巧技、言语说动了洪承畴，皇太极再顺势优之以礼，洪承畴终于投降。以至于后来引发了孝庄是否献身于洪承畴的激烈争论。于是乎就有了电视连续剧《孝庄秘史》中下面的一段对话：

庄妃："你就是大明朝的洪经略吗？"

洪承畴："你是谁？"

庄妃："我听说经略一心殉国，心中敬佩，特来一睹威仪。"

洪承畴："我殉我的国，与你有何相干？敢情你也是用花言巧语来劝我归降的吧？快省省力气走吧。"

庄妃："这宫里头规矩大，我一旦被发现，立时就有杀身之祸。若不是真心仰慕经略，我何需冒险前来？谁晓得经略疑心这么重？也罢！"

洪承畴："姑娘，我是将死之人，又何劳姑娘枉顾？要是连累了你，我又于心何忍呢？"

不久之后，两个人之间就出现了下面的对话：

庄妃："你跟我想象的一样。虽然饿了些天，但是却仍然英气逼人。"

洪承畴："我死在眼前，顾不得了。求姑娘成全，容我死于花下。我死也瞑目了。"

不知道这个第一美人，到底使出了什么解数，这死也不降的洪承畴啊，居然就降了她。这孤男寡女的，谁知道他们演的是什么好戏呢？后来有很多传言，甚至有人说孝庄曾献身于洪承畴。

历史上真的有这么一回事儿吗？真的是庄妃劝降了洪承畴吗？

完全不是这样的！洪承畴投降清朝跟庄妃没有任何关系。洪承畴最终投降清朝，跟我们前面提到的范文程的关系，倒是非常之大，但跟庄妃应该说没有任何关系。

前面我们就说过，范文程这个人是非常厉害的。先是反间计灭了袁崇焕，这次招降洪承畴又是他的功劳。

问题在于，范文程是如何招降洪承畴的呢？

话还要从洪承畴绝食被俘之后说起。

当时，洪承畴被俘之后每天绝食——这是北京城都知道的。大明王朝这边的崇祯皇帝听说洪承畴绝食之后，就自然而然认为一个人都绝食了，那他还能活几天？肯定得死了。所以崇祯皇帝提前给洪承畴发丧，隆重悼念民族英雄洪承畴殉国！

当时皇太极几次亲自去劝降，都没有成功。在这种情况下，皇太极终于被惹恼了。皇太极说："杀，推出去！"皇太极的这句话可气坏了一个人，就是范文程！范文程说：你要杀了，难道我就输给了他不成？我就输给了一个死鬼不成吗？这也太有损我的尊严，有损我形象了！我之前劝人从来没失过手。皇上，您再给我一次机会！而当时的皇太极说，就这一次机会，不行的话，照样杀！结果，这一次范文程进了监牢。

当时洪承畴所住的监牢比较昏暗，而且房间特别破旧。当时又刮风，所以从房梁上掉下了尘土，掉到了洪承畴的肩上。洪承畴拍了又拍，一看不干净，索性脱下衣服继续拍。

当时的范文程看到这一幕场景后，转身走了。他没有劝降洪承畴。

范文程回去之后怎么跟皇太极说？这个时候的范文程回去就找到皇太极说："皇上，我跟您说，有了！你就……洪承畴他就非降不可。"

读者朋友们，您可能会说："这么神？您倒是说说皇太极怎么去做的？"这个时候的皇太极披着皇帝穿的大氅就进了监牢。

皇太极进了监牢以后，一句话没说，解开大氅，亲自把它披在洪承畴的肩上。然后才说一句："洪将军，洪先生，您辛苦了，您受委屈了。"

这话说完，洪承畴什么反应？他立即双腿跪倒，说道：“皇帝万岁，万岁！万万岁！”洪承畴这就降了！

怎么这么神啊？这奇怪了，皇太极把一件衣服，就往洪承畴身上这么一搭，然后就说了这么一句谁都能说的话，怎么洪承畴就降了？

我们这里要清楚的是，洪承畴不是不想投降大清王朝，他是不能投降大清王朝！那一边大明王朝已经告诉世人，他是一个民族英烈，已经为国捐躯！他人还没死，追悼会已经开了。那么这个时候，如果洪承畴要投降大清王朝，大清王朝就必须得给他一个很好的说法，得让他向全天下的汉族人有一个完完整整的交代，他肯定降！您说，这个时候，他洪承畴找什么借口呢？唯一的借口就是：我洪承畴遇到了明主，我便可以降！他皇太极是真命天子，我洪承畴就可以降了。

洪承畴投降以后，隶属于汉军镶黄旗。1644 年他到南京总督军务，经略湖广、广西、贵州。顺治皇帝亲政后，他积极贯彻顺治皇帝的怀柔政策，成绩显著。由于他的诱降，南明永历政权中很多官员投降了清朝，对于瓦解西南抗清力量起了很大作用。尤其是在招降郑成功的父亲郑芝龙的过程中起到了巨大的作用。

富贵病，要人命

松锦大战之后不久，1643 年 9 月 21 日夜，51 岁的皇太极带着“储嗣未定”的遗憾猝死。

要说皇太极死得的确是很突然的。他在 1643 年 9 月 21 日白天还处理政务，夜里就匆匆离开了人世。

什么原因引起的呢？根据我的分析，主要是富贵病。也就是说，由于

公元1643年9月21日夜
51岁的
皇太极带着
储嗣未定的遗
憾猝死

纪连海语录

问题在于，为什么在皇太极去世之后，八旗贵族会挑选一个小孩子爱新觉罗·福临作为他们的下一任的皇帝呢？难道真的是因为爱新觉罗·福临的母亲孝庄皇太后与多尔衮有感情纠葛吗？

吃得太好而导致身宽体胖，最后是中风而死。也难怪，中国的东北地区，净出人参、鹿茸等上等的补品了，满洲人又特别爱吃肉食，从而造成了食物结构单一的情况，再加上他是皇帝，好吃的更多了，他没办法不身宽体胖！

清朝的皇帝，像他这样因为吃得太好而死去的，他是第一个，但不是最后一个！在他之后还有他的重孙子雍正皇帝！

皇太极没有想到自己会在50多岁正当年富力强的时候死掉，因此，他死前也没留下任何遗言——没交代由谁即位！由于事出突然，所有的人也都没有一点儿准备。皇太极一死不得了，又给后面留下一个难题——谁来继承他的事业啊？

那个时候李自成的大顺政权和大明朝之间的较量已经到了决战阶段。这应该是大清王朝夺取政权的最佳时期。可皇太极就在大清王朝最需要他的时候去世了。

问题在于，为什么在皇太极去世之后，八旗贵族会挑选一个小孩子爱新觉罗·福临作为他们的下一任的皇帝呢？难道真的是因为爱新觉罗·福临的母亲孝庄皇太后与多尔衮有感情纠葛吗？如果真的有的话，他们之间的感情纠葛是什么时候产生的呢？

两强相争

我们在前面曾经说过，皇太极是在大清最需要他的时候死去的。

皇太极这一死不要紧，这身后事是风云大起啊。咱们还是先从历史当中拎几个能够继承得了大清皇位的热门人选吧。

热门候选人

这能够继承得了大清皇位的热门人选有以下四个：

第一个热门人选是皇太极的弟弟——睿亲王多尔衮。为什么睿亲王多尔衮是第一个人选呢?

睿亲王多尔衮当时掌管着原有 30 个牛录的镶白旗。他在 17 年前与皇太极争夺汗位失败——换句话说，在他看来，17 年前的后金汗位就应该由他继承。现在清太宗皇太极死了，轮也该轮到他睿亲王多尔衮了——他可不想让 17 年前的悲剧再度重演。此时多尔衮的有利条件主要有以下几个方面：

第一，正值英年。睿亲王多尔衮是努尔哈赤的第十四子，皇太极之弟，时年 32 岁。

第二，受父钟爱。史载，努尔哈赤曾留下遗言：九王子（多尔衮）当立而年幼，由代善摄位。而代善鉴于当时情势，转而拥立皇太极。

第三，兄弟齐心。睿亲王多尔衮兄弟和他们所领导的两个白旗中，多尔衮的哥哥英郡王阿济格，镶白旗的 30 个牛录中有他的一半；睿亲王多尔衮的弟弟豫郡王多铎，掌管着正白旗 35 个牛录，他所掌管的正白旗是八旗中最大的一旗。因此，在有权利参与讨论未来皇位继承人的 7 个亲王、郡王中，多尔衮兄弟已经占了 3 个席位，至少有 65 个牛录的支持。

第四，功勋卓著。睿亲王多尔衮多次统军出征，“倡谋出奇，攻城必克，野战必胜”，英勇善战，屡立大功，功勋卓著。关于这些，我们前面的内容里面曾经多次涉及，这里从略！

第五，经验丰富。睿亲王多尔衮有过 17 年前争夺汗位失败的教训。17 年前的教训应该已经成为经验！ 17 年来，他增长了不少才干，智慧过人。对于睿亲王多尔衮来讲，用“睿”这个汉字里面代表聪明意思的词汇来形容他，那是再合适不过的了！

第二个热门人选就是皇太极的长子肃亲王豪格。皇太极 17 岁就有了他的长子豪格——那个时候皇太极自己还是个小孩子呢。

肃亲王豪格的有利条件主要是：

第一，正值英年。皇太极生前共有 11 个儿子，肃亲王豪格是皇太极的长子，出生于 1609 年，比睿亲王多尔衮还大 3 岁，此时 35 岁，正值壮年。

第二，人才出众。历史上记载，肃亲王豪格“容貌不凡，有弓马才”“英毅，多智略”。

第三，功勋卓著。肃亲王豪格久经战阵，屡获军功。早在努尔哈赤时期，豪格就两次参加征服蒙古的战役，因功被授予贝勒。其父皇太极即位为大汗之后，肃亲王豪格先后主持或参加了九次攻明之役，其所率领的军队曾经先后袭扰过山西、山东等地。除了这九次攻明之役外，他还参加了三次征服蒙古各部的战役和一次征服朝鲜的战役。其中，肃亲王豪格也参加了让睿亲王多尔衮扬名立万的那次收服察哈尔林丹汗的遗孀苏泰太后和林丹汗的儿子额哲的战役。在那次战役中，睿亲王多尔衮得到了那枚传国玉玺。1636 年，皇太极称帝后，豪格被晋封为肃亲王，掌管户部事务，与几位叔辈平起平坐。

第四，三旗效忠。皇太极生前亲掌的正黄、镶黄和正蓝三旗大臣拥护肃亲王豪格即位，尤其是两黄旗的大臣更是誓死效忠。

前面我们曾经说到，正蓝旗原属于努尔哈赤的五儿子莽古尔泰，共 21 个牛录。莽古尔泰生于 1587 年，比皇太极还要大 5 岁。但此人人品不好，曾经亲自杀掉了自己的母亲。后来在 1632 年皇太极设计杀掉了莽古尔泰。他所掌管的正蓝旗也由皇太极直接接管。

皇太极在世时，为加强中央集权，大大削弱各旗的势力，但同时又让各旗保持着一定实力，又把正蓝旗夺到自己手中，合三旗的实力远远强于其他旗。因此，这三旗的代表人物必然要拥戴肃亲王豪格即位。

皇太极去世之时，肃亲王豪格应该立即承袭了皇太极亲自掌管的三个旗：两个黄旗和一个正蓝旗，共计 61 个牛录——我们现在仍然按照原来的满洲八旗计算，皇太极时期新成立的蒙古八旗、汉军八旗、打胜八旗这个时候还没有什么发言权！

从利害关系论，两黄旗大臣都希望由皇太极之子即位，以继续保持两黄旗的优越地位。但是，肃亲王豪格的弱势在于，他是偏妃所生。

第三个热门人选就是皇太极最小的儿子、2 岁的博穆博果尔。

2 岁的博穆博果尔的年纪虽然小，但是他的母亲是蒙古阿霸垓郡王额齐格诺颜之女那木钟，懿靖大贵妃博尔济吉特氏。因此，从这个角度说，在皇太极所有生养过孩子的妻妾中，2 岁的博穆博果尔的母亲懿靖大贵妃博尔济吉特氏的身份最高；在皇太极活下来的 8 个儿子当中，2 岁的博穆博果尔的根最正、苗最红。

大清政权皇位的第四个热门人选，才是 5 岁的福临。

5 岁的福临的年纪虽然也不大，但是他的妈妈庄妃布木布泰来自蒙古科尔沁部——我们知道，如果没有蒙古科尔沁部的支持，满洲人要想打江山，那是不可能的。福临的妈妈庄妃布木布泰很受皇太极宠爱。爱屋及乌，福临也就成了大清政权皇位的第四个热门人选。

只要不是你

众所周知，这最后的胜利者是 5 岁的福临。问题在于，这 5 岁的福临为什么、凭什么胜利呢？难道真的是他的母亲庄妃布木布泰做了什么手脚吗？

此时的庄妃做梦都想让自己的儿子福临即位。但是，从年龄上来说，在皇太极的 8 个儿子当中，有 5 个人都要比自己的儿子大。这 5 个人是豪格 35 岁、叶布舒和硕塞 16 岁、高塞和常舒 6 岁。从地位上来说，35 岁的豪格是长子，2 岁的博穆博果尔的母亲懿靖大贵妃博尔济吉特氏要比庄妃高三个级别。

此时的庄妃心里一定会想：哪里轮上自己的儿子呢？怎么才能轮上自己的儿子呢？我要如何去做，才能让自己的儿子登上皇帝之位呢？

说实话，在当时那种非常激烈的状态下，这件事可由不得她！这儿，可没有她——一个女人——说话的地方！对于她来说，让自己的儿子当皇帝，她也就是想想而已，不能当真的！

现在，我们再来看看电视连续剧《孝庄秘史》中的描述：

电视连续剧《孝庄秘史》中，这四个热门人选的斗争也分成两拨：大的跟大的斗，小的跟小的斗。我们先来看看电视连续剧《孝庄秘史》中多尔衮和豪格当时在角逐皇位的情景：

多尔衮的弟弟多铎："哥，当然该是你当皇帝。论功劳你最大，论才干你最强，更何况，龙佩在你手里。这个位置本来就该是你坐。"

多尔衮："这件事不是你说好，我说好就行了。总得大家公议。"

多铎："公议就公议，怕什么？现在还有谁是你的敌手啊？"

多尔衮："你没看豪格，一副志在必得的样子。"

多铎："他？哼！做他的春秋大梦去吧。"

多尔衮："不可以轻敌。两黄旗都支持他。"

多铎："可我们兄弟加起来有三旗。"

多尔衮："代善哥哥呢？济尔哈朗呢？"

多铎："他们还没有表明态度。"

多尔衮："我们就不可以轻举妄动。如果一个不小心，挑起了八旗的内斗分裂，我们就算有理，也变成没理了。"

多铎："那怎么办？"

多尔衮："暗中部署，静观其变。"

电视剧《孝庄秘史》里面说豪格和多尔衮争斗的原因是豪格和多尔衮两个人的实力是相差无几、旗鼓相当。所以当时多尔衮的长兄代善就说：别斗了，干脆立皇子吧。

正史是这样的吗？代善说过这句话吗？

正史当中代善可没有说这句话。那个时候，多尔衮与豪格两个人旗鼓相当是事实。但是在当时的情况下，多尔衮与豪格双方竞争非常激烈。实际上双方谁都不让步，为此还专门开了一个会。

当时有决定权的是7个人。这7个人，有4个亲王——礼亲王代善、郑亲王济尔哈朗、睿亲王多尔衮和肃亲王豪格；还有3位郡王——英郡王阿济格、豫郡王多铎和颖郡王阿达礼。

我们可以看出，决定命运的7个人中，睿亲王多尔衮肯定会赢得自己的哥哥和兄弟的支持，肃亲王豪格也不会放弃！因此，实际上，决定命运的只是另外3个人的想法：礼亲王代善、郑亲王济尔哈朗和颖郡王阿达礼。

颖郡王阿达礼是代善的孙子，其父亲为礼亲王代善的三子萨哈璘。萨哈璘是最早支持皇太极为大汗的人，在皇太极来说，萨哈璘是皇太极能够登上汗位的大功臣。因此，皇太极一直对萨哈璘很好，但是，不幸得很，萨哈璘在皇太极登上汗位之后不久就去世了。

萨哈璘去世后，不知为什么，也许是恨铁不成钢的缘故，皇太极却一直对萨哈璘的儿子阿达礼很不好。也正是因为如此，阿达礼对于皇太极的作为也很不满意。逐渐地，颖郡王阿达礼与睿亲王多尔衮日益接近，两个人的关系越来越好。皇太极去世后，颖郡王阿达礼多次公开在各种场合表示，支持睿亲王多尔衮继承皇位。

礼亲王代善是努尔哈赤的子孙当中年龄最长者，他和他的子孙现在仍然掌管着两个红旗。两个红旗原有51个牛录。这时候，礼亲王代善的两红旗势力已经遭到严重削弱，他本人年过花甲，早已不问朝政。其诸子中最有才干的岳托和萨哈璘年轻时已过世，剩下硕托也不为礼亲王代善所喜，满达海初露头角，还没有什么发言权。第三代的颖郡王阿达礼和旗主罗洛浑颇不甘为人后，但却屡遭皇太极打压。由此看来，两红旗老的老、小的小，已丧失竞争优势。

礼亲王代善家族上一次争夺汗位就没有成功，现在他们家族并不想争夺皇位，但是，他们家族及其领导的两个红旗是见风使舵的最为重要的力量。以礼亲王代善的资历、两个红旗的实力，其态度所向却能左右事态的发展。

郑亲王济尔哈朗是努尔哈赤的弟弟舒尔哈齐的第六个儿子，出生于1599年。他比豪格大10岁，比多尔衮大13岁。郑亲王济尔哈朗虽然是舒尔哈齐的儿子，从小却一直被寄养在伯父努尔哈赤家。因此，他也算是这个家庭中极为特殊的一员！

自从舒尔哈齐的次子阿敏1629年被皇太极借口16大罪状幽禁于寓所（阿敏于1640年去世）以后，郑亲王济尔哈朗就承袭了阿敏的一切职务，包括镶蓝旗。

镶蓝旗原有33个牛录，在满洲八个旗中仅次于多尔衮的弟弟多铎领导的正白旗的35个牛录。郑亲王济尔哈朗从一无所有到拥有镶蓝旗33个牛录，全靠皇太极。所以，郑亲王济尔哈朗一直跟皇太极很好。理论上说，他们家族及其领导的镶蓝旗应该支持的是皇太极的儿子——只要是皇太极的儿子就行，不一定是肃亲王豪格。

虽然镶蓝旗旗主济尔哈朗不太可能参与竞争，但他的向背却对其他各派系有重大影响，无论他倾向哪一方，都会使力量的天平发生倾斜。

因此，这个时候，济尔哈朗的作用就非常重要。在这七个人当中，他起了很关键的作用。他也看清了若肃亲王豪格与睿亲王多尔衮双方真要是拼个你死我活，最后得益的肯定就是大明王朝。所以这个时候，济尔哈朗说："我建议你们两个人都往后退一步。咱们立另外的皇子吧。"

睿亲王多尔衮说："我同意。我同意立另外的皇子。"这是很高的姿态啊。

肃亲王豪格怎么表示？肃亲王豪格一想：只要不立你，我也同意。所以现在就出现了立另外的皇子的情况。

问题在于，当时有两个小皇子——5岁的福临和2岁的博穆博果尔都是有资格继承皇位的，最后的结果为什么是5岁的福临取得了胜利呢？

顺治即位

在睿亲王多尔衮和肃亲王豪格这两个大人之间都放弃了皇位的时候，历史的重担就落在了5岁的福临和2岁的博穆博果尔这两个小孩子身上了。

电视剧《孝庄秘史》中，5岁的福临和2岁的博穆博果尔两个小孩的竞争开始了。他们的竞争方式非常有意思。剧情是这样的：

博穆博果尔的母亲贵太妃："博果尔，你告诉叔叔伯伯们做皇帝有什么好处？"

博穆博果尔："做皇帝，喔，我知道。做皇帝有一样好处。谁不准我爬上树去抓鸽子，我就打谁的屁股。"

福临的母亲庄妃："福临，福临，你也告诉告诉大家，你知道这皇上该怎么当吗？"

福临："我知道。皇阿玛说过，当皇上要用好人，不用坏人。要亲近百姓，还有……要建立大清朝的天下。"

正史当中两个人真的是这样决定皇位的吗？

这当然是不可能的。

哀兵政策

当时，福临的母亲庄妃布木布泰采取了以退为进的做法。庄妃布木布泰之所以要以退为进，是基于以下几个方面的想法：

第一是以退为进，居高临下。我们都知道“当局者迷，旁观者清”的道理。福临的母亲庄妃布木布泰想站在远远的地方，冷静地看一看当时叫阵的双方是什么表现。谁有哪些弱点能够为我所用。

第二是借用这个机会来取得一个无关大局的人物——谁当皇帝都不会轮到他的人——郑亲王济尔哈朗——的支持。

第三是来取得睿亲王多尔衮对福临的母亲庄妃布木布泰的谅解。毕竟三年以前，当睿亲王多尔衮疾病缠身时，皇太极的妻子、福临的母亲庄妃布木布泰曾经去照顾过他。

所以说，如果大人的决战到此告一段落的话，下面肯定是小孩子当皇帝的事。因此，福临的母亲庄妃想要采取这种哀兵的计策来求得战争的最后胜利。

当时庄妃的做法，果然取得了成效。

她是怎么去说服郑亲王济尔哈朗的呢？

其实，福临的母亲庄妃根本就不用去说服郑亲王济尔哈朗！

一个女人，只需一个眼神就会求得男人的谅解！这是女人所特有的本领啊，这对福临的母亲庄妃来说很容易。

所以，很自然地，在人们为大清政权的皇位争得不可开交的时候，郑亲王济尔哈朗提出了建议：立让既是皇子，又非豪格的5岁的福临当皇帝，第二年改元顺治。睿亲王多尔衮表示赞同，肃亲王豪格表示没有异议。

就这样，福临就顺顺利利地，几乎是出乎意料地当上了大清政权的皇帝。至此，在我国的历史上，就有了顺治皇帝。而作为顺治皇帝的母亲，曾经的庄妃，也正式变成孝庄皇太后了。

十四叔保护你

问题又出现了：一个是三十岁的寡妇，一个是只知道玩耍的孩子，他们母子两人怎样才能撑起战火纷飞的大清江山呢？

此后的孝庄皇太后很想辅佐她的这个儿子在政治舞台上呼风唤雨一把。但是电视连续剧《孝庄秘史》中给人的感觉是，孝庄皇太后和多尔衮在进行联合，让多尔衮来帮助顺治小皇帝，似乎是一种孝庄皇太后与多尔衮感情发展的必然结果，他们两个人已经存在的暧昧的感情，终于可以在实际中用上了。电视连续剧《孝庄秘史》中是这样描写的：

顺治小皇帝对孝庄皇太后说："皇额娘，如果博果尔来跟我——朕，跟朕捣乱，那该怎么办啊？"

孝庄皇太后对顺治小皇帝说："福临，你听着，有你十四叔在，谁也不敢来捣乱。十四叔会保护你的。你呢，就永远在龙椅上坐着，动也不动。王爷，我说得对吗？"

顺治小皇帝对多尔衮说："十四叔？"

多尔衮对顺治小皇帝说："福临，这玉佩上刻的是什么？"

顺治小皇帝说：“是，是龙。”

多尔衮对顺治小皇帝说：“对了，这是我阿玛，也就是你的玛父太祖皇帝赐给我的。他也许是这么想：多尔衮，先给你个龙佩。看看你将来是不是有这个穿上龙袍的福气。看来十四叔没有这个福气。我想把这个龙佩给你。”

孝庄皇太后对多尔衮说：“这是你从小最珍爱的东西，怎么可以？”

多尔衮对顺治小皇帝说：“我珍爱这个龙佩。因为它是一个英雄的梦想。这个梦现在给了你。希望福临将来长大以后，一定要做个好皇帝。你额娘说得对，有十四叔在，没有人敢来跟你捣乱。十四叔会保护你。你就永远坐在龙椅上，动也不动。”

顺治小皇帝对多尔衮说：“谢谢十四叔。”

多尔衮对孝庄皇太后说：“这样你放心了吧？”

在历史当中，真的是因为孝庄皇太后与睿亲王多尔衮的感情，睿亲王多尔衮才去帮助顺治小皇帝的吗？

事实上，并不是这样的！

拉一打俩

孝庄皇太后与睿亲王多尔衮两个人有一定的感情基础——松锦大战的时候，当时的庄妃去照顾受伤的多尔衮，于是两人日久生情。而在皇太极去世以后的关键时候，孝庄皇太后辅佐自己的儿子当皇帝的时候，孝庄皇太后与睿亲王多尔衮两个人之间更多的是一种政治结盟——政治上的需要而已。

当时的形势实际上对孝庄皇太后和顺治皇帝母子二人来说非常严峻：在前面的皇位竞争中，论长，肃亲王豪格为先；论尊贵，懿靖大贵妃博尔济吉特氏的儿子博穆博果尔位尊；论权、论势，睿亲王多尔衮与肃亲王豪格二人不分伯仲，他们二人才是最有实力的人选！也就是说，在家庭内部，无论如何都不应该是福临即位。

所以在当时那个情形下，福临虽当上了大清政权的皇帝，但他的底子是很虚的。在这种情况下，孝庄皇太后在睿亲王多尔衮、肃亲王豪格和博穆博果尔这三个对她都有威胁的人当中，必须要拉一个打俩。

问题在于：孝庄皇太后会选择拉谁打谁呢？

很显然，孝庄皇太后自然要依靠实力最为强大，又跟自己有一定感情基础的睿亲王多尔衮来对付其他的对手。

问题在于，睿亲王多尔衮为什么不自己称帝呢？

从睿亲王多尔衮此前此后一贯的行事作风来看，他是很讲求实际的，对虚名非但是看不上而且是很嘲讽的态度，所以他真要当皇帝，不会顾及篡位的骂名。

现在的史学家们一致公认睿亲王多尔衮实在当得起“睿亲王”这个“睿”字，他可以当皇帝却选择不当，很多人是真心佩服他的审时度势。毕竟皇帝这个头衔实在是太诱人了，袁世凯哪怕是当83天皇帝也要硬来，吴三桂兵败如山倒还要过把当皇帝的瘾，台湾的林爽文穿破布啃地瓜也还坐在土墩上称万岁，可见古往今来有多少英雄、枭雄、狗熊都要当皇帝。

睿亲王多尔衮不当皇帝的原因，有如下两个方面：

第一，客观方面：兵力不足，避免内讧。

睿亲王多尔衮在皇太极死后硬要称帝也可以，但是他的兵力并不足以抗衡肃亲王豪格集团，称帝就意味着满洲内部的自相残杀，就算以力服敌，一场内讧必将使得满洲元气大伤，而经过内讧的满洲并不能给予睿亲王多尔衮进军中原足够的支持让他一展抱负，更何况让父兄两代人辛苦创下的基业毁于一旦也不是他所愿意看到的。

第二，主观方面：目光敏锐，志向高远。

睿亲王多尔衮早就立志要建立超过其父兄的基业，这就需要整合满洲一切可以团结的力量。

睿亲王多尔衮需要通过顺治登基、定都北京等一系列的政治运作来迅速确定以清代明这个事实。

他始终顾及满洲整体的利益和清朝的统治，他认为只有大力集中权力维持最高决策层的正常运行并团结满洲所有力量，才有可能完成统一中原这一艰巨甚至几乎是不可能的任务。

也正是由于李自成和张献忠抢着当皇帝、抢地盘，而南明各个政权也为了争夺正统而内斗得不可开交，才让多尔衮的清军各个击破，以风卷残云之势统一了大半个中国！试想如果农民军和南明能摒除个人私欲，联合抗清，清军再精锐也不可能统一全国。这正是做皇帝的失了江山，而不做皇帝的得了江山。

前面我们分析了睿亲王多尔衮本人不称帝的原因。为什么睿亲王多尔衮同意立福临为帝呢？难道真的是因为此时的睿亲王多尔衮已经与庄妃布木布泰有了什么不清不白的关系吗？下面我们来分析一下睿亲王多尔衮立福临为帝的原因。

如意算盘打得响

在我看来，睿亲王多尔衮立福临为帝的原因，有如下两个方面：

第一，以退为进、摄政称王。

睿亲王多尔衮之所以选中福临为帝，曾被某些文人骚客扯到睿亲王多尔衮与福临的母亲庄妃布木布泰的“风流韵事”上！

其实，这个时候要说睿亲王多尔衮已经与福临的母亲庄妃布木布泰有了什么不清不白的关系，应该是错误的！我的意思是说，这个时候，睿亲王多尔衮立福临为帝，不是因为睿亲王多尔衮已经与福临的母亲庄妃布木布泰有了什么不清不白的关系，而是纯纯粹粹的利益上的一致性造成的！

实际上，睿亲王多尔衮之所以选中福临为帝，一是由于他年甫五龄，易于控制，而排除了肃亲王豪格，因而也排除了其他诸位皇子；二是由于其母永福宫庄妃布木布泰深得皇太极之宠，地位较高，选其子为帝更易为诸大臣所接受，甚至可以说是符合先帝的心愿！

当然，麟趾宫懿靖大贵妃博尔济吉特氏的名号虽高于庄妃，但她的实际地位并不高，毕竟她曾经是蒙古察哈尔部林丹汗的妻子，后来被皇太极抢了来，做了皇太极的小妾，然后才又生了这个叫作博穆博果尔的孩子。所以她的儿子博穆博果尔也不太可能被选中。

同时，辅政王的人选也代表了各方势力的均衡。既然黄、白二旗是主要竞争对手，福临即位便已代表了两黄和正蓝旗的利益，睿亲王多尔衮出任年甫五龄的顺治皇帝的辅政大臣则是必然之事。

但睿亲王多尔衮知道，他一个人担任辅政大臣恐怕也得不到对手肃亲王豪格的同意，所以便拉上郑亲王济尔哈朗共同担任辅政大臣。

在对手肃亲王豪格看来，郑亲王济尔哈朗是抑制睿亲王多尔衮的中间派；在睿亲王多尔衮想来，郑亲王济尔哈朗比较好对付。

而对下层臣民而言，睿亲王多尔衮和郑亲王济尔哈朗是皇太极晚年最信任、最重用的人，许多政务都由他们二人带头处理，所以对他们出任摄政也并不感意外。

立福临为帝，两黄旗大臣的嘴就被堵上了，肃亲王豪格心中不快，却又说不出口。睿亲王多尔衮以退为进，自己让了一步，但他作为辅政大臣，也是实际掌权者！实际上，睿亲王多尔衮是个真正的胜利者！

第二，避免内讧，顾全大局。

其实，就在郑亲王济尔哈朗提出让福临即位的同时，睿亲王多尔衮的心里面也在打自己的如意算盘：如果自己强行即位，势必引起两白旗与两黄旗的火并，其后果可能是两败俱伤；让豪格登基，自己既不甘心，还怕遭到肃亲王豪格报复；而让年幼的福临即位，则可收到一石三鸟之利——打击肃亲王豪格，自己摄政，避免内讧。

所以，这个时候，精于算计的睿亲王多尔衮立即表示接受郑亲王济尔哈朗的意见，并且作出了补充要求：福临年纪小，郑亲王济尔哈朗和睿亲王多尔衮辅政，待福临年长后再归还大政。

立了福临，郑亲王济尔哈朗也能沾光，当然不会反对。礼亲王代善只求大局安稳，个人本无争位之念，对此方案也不表示异议。这样，立福临为帝的这个妥协方案就为各方所接受了，但由此而形成的新的政治格局却对今后数年乃至数十年的政局起着巨大影响。

郑亲王济尔哈朗的这一方案在客观上避免了八旗内乱，保存了实力，维护了上层统治集团的基本一致。就这样，郑亲王济尔哈朗妥善地处理了十分棘手的皇位争夺问题，睿亲王多尔衮也向权力的顶峰迈进了一步。

不是一个人在战斗

对于睿亲王多尔衮来说，是自己争夺皇位不易得逞之后才被迫接受了郑亲王济尔哈朗的这一方案，是在两黄旗大臣“佩剑向前”的逼人形势下提出的中策或下策，而并非是睿亲王多尔衮一开始就高瞻远瞩、具有极广阔的胸襟！

在睿亲王多尔衮为自己设想的道路中，他实际上谋求到最后就是想当摄政王。在电视连续剧《孝庄秘史》中，睿亲王多尔衮也的确是按照这条路子把他推到摄政王这个位子上的。

当然，历史上，睿亲王多尔衮并不是像电视连续剧《孝庄秘史》中所表演的那样，一上来就是摄政王的。历史上的睿亲王多尔衮，一上来不是摄政王，而是辅政王。

问题在于：摄政王和辅政王有什么不同呢？

辅政王是辅佐皇帝，大权还是在皇帝这边。辅政王只是协助帮忙；摄政就不一样了，皇帝是傀儡，摄政王是大拿，就是说了算，就是说你可以做主，什么事可以不经过皇帝。这是完全不一样的！

从辅政王上到摄政王，睿亲王多尔衮应该说经历了半年的时间。

在电视连续剧《孝庄秘史》中，睿亲王多尔衮一开始就以摄政王的身份来辅佐顺治皇帝。

问题在于：只有睿亲王多尔衮一位辅佐顺治皇帝吗？

不是这样的！历史上辅佐顺治皇帝的实际上有两位。除了睿亲王多尔衮之外，还有郑亲王济尔哈朗。不过，郑亲王济尔哈朗，他的位置不是摄政王：他先任辅政王，后来任辅政叔王。但是郑亲王济尔哈朗一直都是辅政王，没有到摄政王的地步。

问题在于：辅政也好、摄政也罢，辅佐顺治小皇帝，不是有一个人就够了吗？干吗还要多一个人出来？除了制造麻烦之外还能干什么？

这，恰恰就是孝庄皇太后的聪明之处！

孝庄皇太后的用意在哪里？

孝庄皇太后要利用郑亲王济尔哈朗来制约多尔衮。

这时候就有个问题：在电视连续剧《孝庄秘史》中，孝庄皇太后要利

用郑亲王济尔哈朗来制约睿亲王多尔衮的这种情况是不可能看到的——电视连续剧《孝庄秘史》中，孝庄皇太后与睿亲王多尔衮两个人感情很好，彼此非常信任！

您该问了，孝庄皇太后难道并不信任睿亲王多尔衮吗？

在历史上，孝庄皇太后与睿亲王多尔衮两个人既然是政治同盟——政治同盟主要目的是为了对付肃亲王豪格——一旦他们两个人共同的敌人肃亲王豪格离开权力中枢以后，他们同盟的基点就不存在了，就没有共同的目标了。

郑亲王济尔哈朗虽然说比睿亲王多尔衮大13岁，比肃亲王豪格大10岁，但是他哪是睿亲王多尔衮的对手啊？三下五除二，没过两年就被睿亲王多尔衮给弄下去了。

都不是对手

此时此刻，整个大清皇室，难道真的没有一个人能来遏制睿亲王多尔衮了吗？

要说起来这个时候能遏制睿亲王多尔衮的，还真的有一个人——整个家族的老大——礼亲王代善。

礼亲王代善实际上是睿亲王多尔衮这一代人里最年长的。论资格、论地位、论能力，礼亲王代善都可以制约睿亲王多尔衮！换句话说，睿亲王多尔衮一时半会儿还不会跟自己家族的这个老大哥为难。

但是在电视连续剧《孝庄秘史》中，礼亲王代善的一个儿子和一个孙子——硕托和阿达礼两个人好像还要扶持睿亲王多尔衮去称帝呢！我们来看看电视连续剧《孝庄秘史》中的描述：

代善：“代善身为族长一秉大公，必将你们二人立置典刑。”

阿达礼：“玛父，你真的要杀我们吗？我们是你的子孙啊！玛父，玛父……”

代善：“不错！”

硕托：“阿玛，我是劝摄政王自立为帝。可我不后悔。摄政王雄才大略，功盖天下，理当做皇帝。”

代善：“你竟敢口出大逆不道之言？不肖的东西，如此十恶不赦的叛逆之徒，罪不容诛。诸王贝勒万不可！因我年老多病心存怜悯，对这不肖的子孙，代善宁可不要！”

阿达礼：“玛父，不要啊！玛父！”

代善：“拉出去！立即处决。”

刽子手：“走！”

阿达礼：“玛父，玛父！放开我！放开我！你们这帮王八蛋！你们放开我！”

如果历史真的是这样发展的话，不就跟现实中有一点儿小矛盾了吗？这礼亲王代善能治得了睿亲王多尔衮吗？

礼亲王代善还真能治得了睿亲王多尔衮。

为什么礼亲王代善治得了睿亲王多尔衮而不治呢？

谁也说不清楚！

事实上，硕托和阿达礼的死是清宫的一个谜案。事情的真实情况到底如何，现在谁也说不清楚了！

换句话说，电视连续剧《孝庄秘史》中的描述只是编导们的一种合理虚构而已。硕托和阿达礼被杀，很有可能是睿亲王多尔衮的阴谋。硕托和阿达礼支持睿亲王多尔衮是毫无疑问的。但是这很有可能是一个阴谋，是多尔衮在报 17 年前的仇，是对 17 年前他们（代善、阿敏等）集体把睿亲王多尔衮的母亲阿巴亥用弓弦勒死那一段惨剧的报复：17 年以后，尽管硕托和阿达礼跟了我，我还是要把你们给弄死！我让你礼亲王代善断子绝孙。

睿亲王多尔衮在这方面才是一箭双雕。他把硕托和阿达礼弄死以后，怎么对付礼亲王代善呢？

这个时候的礼亲王代善就自动退出了历史舞台：他称病不出来。他有自知之明，这没法抗衡，就自己回去了。

这回，该轮到睿亲王多尔衮对付肃亲王豪格集团的人马了。

睿亲王多尔衮掌权以后，首先顺利地分化瓦解了支持肃亲王豪格的两个黄旗大臣，当初发誓扶保肃亲王豪格的 8 个人（索尼、鳌拜、图赖、图尔格、拜音图、何洛会、谭泰、冷僧机）半数先后叛变！

拜音图家族首先叛变，拜音图的弟弟巩阿岱告发郑亲王济尔哈朗，说他曾经埋怨睿亲王多尔衮。结果，郑亲王济尔哈朗被罚银 5000 两，逐渐被踢出权力中心，代之以豫亲王多铎。接着，何洛会叛变，告发图赖、图尔格等人，结果被他告发的人都被废黜。谭泰先是被捕，继而在监狱中叛变。冷僧机也随之叛变，结果被睿亲王多尔衮提升。

这样，当初立盟发誓的人中除了索尼、鳌拜、图赖、图尔格这 4 人以外，其他人都背叛了豪格。

由于皇太极死后争位的余波未息，肃亲王豪格显然是睿亲王多尔衮最需严加防范的政敌。在 1644 年初夏，肃亲王豪格就对何洛会、杨善、俄莫克图等人发泄对睿亲王多尔衮的不满。后来还屡次说睿亲王多尔衮不是有福之人，已经没有几年的寿命——后来的历史证明，肃亲王豪格居然说对了。很快，睿亲王多尔衮得到何洛会的密告，正式收拾肃亲王豪格，杀掉肃亲王豪格的所有亲信，并且召开议政王大臣会议，让大家议定肃亲王豪格的罪名。肃亲王豪格自己表态愿意自杀赎罪，礼亲王代善、郑亲王济尔哈朗、豫亲王多铎、英亲王阿济格都表态要杀肃亲王豪格。最后，由于年幼的顺治皇帝涕泣不食，肃亲王豪格这才得以免死，但是，被废为庶人。

此后，睿亲王多尔衮派肃亲王豪格攻打四川。尽管肃亲王豪格在四川射杀张献忠，取得大捷，但睿亲王多尔衮并没有给肃亲王豪格以应得的奖赏。1648 年，睿亲王多尔衮借口肃亲王豪格乱保非人，将其下狱，囚禁至死，并且把他的老婆纳入自己的府中。据史料记载，肃亲王豪格死得很惨，死前已经精神分裂。

第二章 初掌政权

话说到这里，有的人一定会觉得，此时此刻，年方5岁的福临——按照惯例，我们应该称呼他为顺治皇帝了——一定会踏踏实实地做个傀儡吧。但是，并非如此——孩子再小，也不会心甘情愿去当傀儡，更别说这个孩子打小儿就生在帝王之家了。

福临即帝位

这位年仅5岁的小皇帝，虽然在我们看来还应该是个尚不懂事的娃娃，但自幼在满洲人特有的尚武精神的熏陶下，却有一种好胜的性格和天然的优越感。早在即位之前的1642年年底，皇太极出猎叶赫一带时，曾经带他一同前往，当行猎于噶哈岭（今辽宁省抚顺市新宾满族自治县下营子街道照雅沟岭）时，放围刚一开始，年方4岁的福临眼疾手快，一箭射出去，居然当场射死了一只狍子。

1643年10月8日（八月二十六日），在盛京举行的登位大典前，顺治皇帝出宫乘辇前往笃恭殿。此时，顺治皇帝的乳母因其年幼要登辇陪坐，结果被年方5岁的顺治皇帝拒绝说“此非汝所宜乘”，显示出不可冒犯的帝王尊严。

笃恭殿，也叫大政殿，是一座八角重檐亭式建筑，俗称八角殿，始建于1625年，是努尔哈赤在盛京皇宫营建的重要宫殿，也是盛京皇宫内最庄严、最神圣的地方。起初叫大衙门，1636年皇太极称帝后改名为笃恭殿，后又改称为大政殿。

再说1643年10月8日（八月二十六日）这天的早上，福临坐在了皇帝专用的鹿角宝座上。睿亲王多尔衮和郑亲王济尔哈朗率内外诸王、贝勒、贝子、文武百官在皇帝专用的鹿角宝座下面给鹿角宝座上面的顺治皇帝行三跪九叩大礼。

大礼结束，顺治皇帝开始颁布诏书，书曰：

我太祖武皇帝，受天明命，肇造丕基，懋建鸿功。贻厥孙子皇考大行皇帝、嗣登大宝，盛德深仁，弘谟远略，克协天心。不服者，武功以戡定，已归者，文德以怀柔。拓土兴基，国以滋大。在位十有七年，于崇德八年八月初九日上宾。今诸伯叔兄及文武群臣咸以国家不可无主，神器不可久虚，谓朕为皇考之子应继大统。乃于八月二十六日即皇帝位，以明年为顺治元年。朕年幼冲，尚赖诸伯叔兄、大臣、共襄治理。所有应行赦款开列于后。谋犯朝廷、焚毁宗庙陵寝宫殿、逃亡叛逆、蛊毒魇魅、窃盗、祭天器皿及御用诸物、子孙杀祖父母父母、鬻卖兄弟、妻妾告夫内乱、杀人、聚党劫财等大恶向在不赦，今咸赦除之。其余一切死罪、因禁隐匿偷盗，及未完赃赎等罪，尽行赦免。如有以赦前事讦告者、以其罪罪之。逃走遗失者，如经原主认识给还免罪。彼此相称贷者、照旧准偿布告中外，咸使闻知宣。

顺治皇帝宣诏完毕之后，睿亲王多尔衮和郑亲王济尔哈朗率殿内外的诸王、贝勒及文武百官再行三跪九叩大礼。

大礼完毕，顺治皇帝站起身来，一再让年长的礼亲王代善先行下殿。礼亲王代善只好起身下了笃恭殿，顺治皇帝这才上了龙辇回到皇宫。睿亲王多尔衮和郑亲王济尔哈朗率诸王、贝勒及文武百官长跪相送。

这一天，距皇太极逝世 17 天，大清王朝的皇位之争至此终于得以平息。大清王朝再次开始朝气蓬勃地向前走了。

福临即大清皇帝帝位，睿亲王多尔衮摄政，次年改元顺治。清朝习惯用年号称呼皇帝，所以历史上称福临为顺治皇帝。

当然，我们知道，随着年龄的增长，顺治皇帝一定会感觉到睿亲王多尔衮的摄政对他的尊严实际上产生了很大的挑战和侵害——也就是说，顺治皇帝早晚会寻求改变现状的，年幼的顺治皇帝与睿亲王多尔衮之间的矛盾的暴露，只是时间问题而已。

睿亲王多尔衮和那些简单鲁莽的满族权贵不同，他有勇有谋，深知将来要夺取中原，和汉族人打交道，光靠打家劫舍的武力不行，还要依靠熟悉中原风土人情的汉族谋士。

睿亲王多尔衮当了摄政王不到两个月，就发生了豫亲王多铎阴谋抢夺汉族大学士范文程妻子的事情。豫亲王多铎是摄政王多尔衮的同胞弟弟，他们的生母乌拉那拉氏大妃是努尔哈赤生前最宠爱的妃子，被皇太极等贝勒强行逼迫为努尔哈赤殉葬。母亲死时，小弟多铎才只有 12 岁，一直依附在多尔衮身边，一直到长大成人。因此，平日最受多尔衮的疼爱。

豫亲王多铎见范文程的妻子非常漂亮，动了邪念，想抢占她，经常派人到范文程家的周围观察动静，弄得范家日夜担忧，恐慌不安。摄政王多尔衮听到这件事，十分生气，马上派人把豫亲王多铎叫来，当着满朝王公贵族和文臣武将的面严厉斥责了他，命令他上交二千两白银和十五个牛录的兵力（一牛录为三百人）作为惩罚。

平时受到满族权贵欺凌的汉族大臣见摄政王多尔衮不避亲贵，重重处罚了豫亲王多铎后，从心底释去疑虑和怨愤，从此更竭力地为清朝出谋划策了。范文程当即上书朝廷，分析关内的形势，请求严申军纪，笼络人心，进兵中原，同农民军争夺天下。摄政王多尔衮觉得有理，便拿定主意，率领军队向通往中原的门户山海关出发了。

此时此刻，一场三方斗智斗勇的好戏即将在山海关内外上演。斗智斗勇的三方有：大明——大明王朝的官军；大清——顺治皇帝统领的八旗子弟；大顺——李自成率领的起义军。

外面一片混乱

1638 年，在洪承畴优势兵力的围攻下，李自成、张献忠的农民起义军蒙受了很大损失。李自成兵败梓潼，率领 18 人退守岷州、临洮。张献忠败于南阳、麻城，最后投降了明军，起义转入低潮。至此，洪承畴镇压农民起义的计划完全获得了成功。

但是，就在这个时候——1639 年，洪承畴带着崇祯皇帝对他的满腔信任，督师蓟辽。于是，大明王朝集中力量对付清军。大明王朝为对付清军和镇压农民起义军，加征三饷，农民纷纷破产逃亡。河南、山东、河北等地连续发生严重的旱灾和蝗灾。

就在这个时候，李自成进军河南，提出“均田免粮”口号，深受人民的拥护。民间流传着“杀牛羊，备酒浆，开了城门迎闯王，闯王来了不纳

粮”等民谣。1641年年初，李自成攻破洛阳，杀死福王朱常洵，把王府和豪家的金银、粮食发给饥民，民众拍手称快。不久，李自成攻克西安。

1644年1月，李自成在西安称帝，以李继迁为太祖，建国号“大顺”，年号“永昌”，改西安为西京，封功臣以五等爵。同时，更定政权机构，改内阁为天佑殿，设大学士平章军事；六政府添设尚书一人，侍郎一人；增置省级机构，设节度使。几乎与此同时，张献忠所率领的农民起义军也攻占武昌，建立了大西农民政权；1644年，张献忠也在成都称帝。

李自成的“大顺”政权于1644年正月初八（2月15日），分两批东渡黄河，向明朝的首都北京进发——他们准备一举拿下北京，夺取全国政权！他们一方面发布檄文揭露明朝的罪恶；另一方面向民众宣布“三年不征”“平买平卖”等政策。农民军以摧枯拉朽之势，一路凯歌行进。

1644年3月10日（二月初二），大顺军在沙涡口造船三千，渡过黄河，攻下汾州（今汾阳）、阳城（今晋城市阳城县）、蒲州（今永济），隔日攻下怀庆（今河南焦作），杀卢江王朱载堙。3月13日（二月初五）攻克太原。3月24日（二月十六日），攻克忻州（今山西忻州），官民迎降。代州（今属忻州）守关总兵周遇吉退守宁武关（今山西宁武境）。

4月7日（三月初一）李自成攻克宁武关。当晚，大同总兵姜瓖投降，宣府总兵王承胤降表亦到。农民军进至宣府城，离北京只有二三百公里了。

这时，崇祯皇帝才做出了弃宁远，招吴三桂、王永吉、唐通、刘泽清四将入京勤王的决定。四将均封伯，吴三桂被封为平西伯。

这时，山东总兵刘泽清托词坠马伤脚，拒不奉诏；吴三桂与蓟辽总督王永吉路远，一时间还来不到北京；只有蓟镇总兵唐通带了八千人马先到北京。崇祯皇帝封唐通为定西伯，命他把守居庸关。不想，唐通却投降了农民军，居庸关不攻自破，农民军直趋北京。

这个时候，33 岁的吴三桂于 4 月 12 日（三月初六）受命，4 月 16 日（三月初十）便率军民抛弃宁远，向山海关进发。庆幸的是，清兵直到 4 月 22 日（三月十六日）才得到吴三桂撤离的消息，而这时，吴三桂已带领兵众到达了山海关。

吴三桂所部到达山海关之时，李自成军已攻至北京郊外，各种消息传到了吴三桂的耳中，他有些犹豫。但君命难违，吴三桂还是领兵向北京进发，4 月 26 日（三月二十日）到达丰润。在这里，他打败了投降李自成军的原明降将白广恩、唐通，并收降了八千人。但是，北京已于 4 月 25 日（三月十九日）被李自成率领的大顺军队攻破。

4 月 25 日（三月十九日）这天清晨，兵部尚书张缙彦主动打开正阳门，迎刘宗敏所部军。中午，李自成由太监王德化引导，从德胜门入，经承天门步入内殿。此时，崇祯皇帝带着太监王承恩上煤山瞭望，又返回乾清宫，却见属下大臣皆已逃散，崇祯皇帝前往煤山寿皇亭下自缢身亡，大明王朝最终灭亡，史称“甲申之变”。

李自成下令将崇祯皇帝“礼葬”，在东华门外设厂公祭，后移入佛寺。5 月 3 日（三月二十七日），葬于田贵妃墓中。

这个时候，李自成知道，吴三桂及其所属的军队是当时的一支非常重要的力量，他的去向在某种程度上决定了哪一方能操纵中国政权。

因此，李自成进北京后，马上听取了手下人的建议，在进驻北京的第三天，就从狱中放出吴三桂的好朋友、原明朝的职方郎中张若麒，让张若麒担任山海关防御使，前往山海关从事劝降吴三桂的工作。

李自成为了迅速促成吴三桂投降，采取了很多措施：

第一，派人两次前往山海关，赏辽兵白银 4 万两，赏吴三桂白银万两、黄金千两、锦千端，并封吴三桂为侯；

第二，命吴襄在北京写信给吴三桂，劝其归顺于李自成的大顺政权；

第三，派专使巡抚李甲和兵备道陈乙面见吴三桂，许以封侯之位。

现在的形势是这样的：

大明方面：北京已于4月25日（三月十九日）被李自成率领的大顺军队攻破，明朝已经灭亡！明朝的皇帝崇祯已经吊死于煤山寿皇亭下。

大顺方面：李自成已经占领了北京城，原来明朝的许多将官已归顺了大顺政权！另外，李自成为了招降吴三桂，给了他很多好处！还有一点也需要说明，吴三桂的父亲和吴三桂的全家人都在李自成的掌控之下！

大清方面：前面曾经多次提起过，早在1641 ~ 1642年的时候，大清王朝曾经多次派人招降吴三桂，而且在1642年的时候皇太极居然还亲自写信劝降吴三桂——可见，皇太极对于吴三桂的重视程度。但是，到了1644年的时候，这个大清王朝却没有了响动！真是不知道，大清王朝的顺治皇帝和摄政王多尔衮的葫芦里面卖的什么药！

对吴三桂来说，在这个进退维谷的困难时刻，他应该怎么办呢？彭孙贻的《流寇志》里面做了如下的记载：

有客平西（平西，指平西王吴三桂）幕者云，世传吴襄作书招平西，平西告绝于父，起兵勤王，非也。都城既陷，三桂屯山海，自成遣使招三桂。三桂秘之，大集将士。告之曰："都城失守，先帝宾天，三桂受国恩，宜以死报国，然非借将士力，不能以破敌，今将若之何？"将士皆默然。三问不敢应。三桂曰："闯王势大，唐通、姜瓖皆降，我孤军不能自立。今闯王使至，其斩之乎，抑迎之乎？"诸将同声应曰："今日死生唯将军命。"三桂乃报使于自成，卷甲入朝。

由上述材料可以看出，吴三桂在开始的时候是打算以死报国的，但是他的属下经过他的三次问讯，结果全军将士"三问不敢应"！也就是说，在这个时候，吴三桂已经不能领导他的军队——他失去了对于军队的有效控制！在这种情况下，吴三桂提出，投降是大势所趋！咱们是否也走投降这条路呢？结果，全军将士同声回答“今日死生唯将军命”！吴三桂于是决定归顺大顺政权。

吴三桂对于是否归顺大顺政权，是曾经存在过犹豫心理的！但是，他从全军将士的由“三问不敢应”到“今日死生唯将军命”的情绪变化中，最终确定了归顺大顺政权的决定，并且立即付诸实施！

这个时候的吴三桂，为什么宁可归顺大顺政权也不归顺大清王朝呢？

其实，在他的心里，应该一直有以下两种想法：

第一，“华夷之辩”。

吴三桂长期以来一直接受的是中国传统的儒家思想，一直把汉族人以外的一切少数民族都看成是“夷蛮戎狄”，是低等民族。“夷蛮戎狄”这类低等民族是没有资格统一中国的。

因此，他一直认为，可以归顺大顺政权，也绝不可以投降满洲人的所谓的“大清王朝”！因为，在他的心中，满洲人是“夷蛮戎狄”，是低等民族。他们绝对不应该统一中国的！换句话说，中国，绝对不应该由他们来统一。李自成，好歹也是汉人——这是吴三桂的想法——其实，我们知道，李自成实际上是党项羌人的后裔——也不是汉人。

第二，形势所迫。

此前的许多年，吴三桂一直站在大明王朝与大清王朝对峙的最前线。现在，大明王朝完蛋了！在他的前面，有他一直的死对头大清王朝；在他的后面，有他所不了解但是迅速占领了中国大部分领土、现在正在极力招降他的大顺政权。而大顺政权决定，赏辽兵白银 4 万两，赏吴三桂白银万两、黄金千两、锦千缎，现在这些东西正在送往山海关前线的路上。此外，大顺政权还封吴三桂为侯呢！

由上所述，他怎么能够在这个时候突然做出投降自己一直的敌人的决定呢！因此，现在的吴三桂，他只能选择宁可归顺大顺政权也不归顺大清王朝。吴三桂既然决定投降，剩下的就是他的具体的行动了。

1644 年 4 月 29 日（三月二十三日），吴三桂正式决定归顺李自成的大顺政权，并且亲自率部进京朝见新的主人。1644 年 5 月 3 日（三月二十七日），吴三桂的军队抵达永平西沙河驿站（今河北省迁安市沙河驿镇沙河驿村）。

但是，就在这个时候，吴三桂却突然之间又背叛了李自成！不久之后，又正式投降了大清王朝！这一切，都是为什么呢？

突然变了卦

关于吴三桂背叛大顺政权的始末，一般而言，我们都相信《庭闻录》和《小腆纪年附考》里面的记载是真实的：

在西沙河驿站，吴三桂相继见到了逃出京的家人以及父亲派出的亲信傅海山，他们向吴三桂叙说了吴襄以及吴三桂爱妾的情况。当开始听到父亲吴襄被捕时，吴三桂并不在意，以为这是李自成为迫其投降所采取的重要措施，他一投降，父亲必被释放。当听到父亲被拷打将死，交了 5000 两银子还不管用时，吴三桂的头发便不禁竖了起来。及至听到爱妾陈圆圆被李自成手下大将刘宗敏抢走时，吴三桂十分愤怒，他说：“大丈夫不能保一女子，何面见人耶？”他马上下令，停止前进，掉头返回山海关，并一反常态，纵兵掠夺，直接率兵杀回山海关。

这就是我们人尽皆知的“冲冠一怒为红颜”了。

戏剧性的是，几乎就在吴三桂得知其父被拷问的同时，李自成也注意到了吴三桂对巩固自己政权的重要性，指示刘宗敏释放吴襄并命吴襄写信，劝告吴三桂投降。同时又派降将唐通等人携带吴襄手书和大批银两直接来到吴三桂的军中，进一步劝其投降。从时间上来说，这批招降人员到达吴三桂军中的时间仅比吴襄致吴三桂的私函晚到一两日（在5月5日左右），而两封信的内容却截然相反，这不能不使吴三桂认为李自成的招降不过是一场骗局，是想引诱自己进驻北京后再行消灭！

吴三桂长期守卫边关，和大顺政权没有什么接触，他既然决定要投降大顺政权，就肯定要派人进北京了解情况，了解的结果居然是大批官员被拷掠追赃，连自己的父亲也被拷打到快要死了的地步，证明投靠大顺政权根本不可能保护自己的个人利益，前往北京城无疑是自投罗网。吴三桂和许多部下在关外都是有很多财产的大地主，现在他们的主帅吴三桂连自己的父亲性命和家产都保不住，就更谈不上保护他们在关外的土地财产了，所以吴三桂振臂一呼，群起响应。

因此，我们说，促成吴三桂降而复叛大顺政权的原因很复杂。其中，最为主要的是大顺政权的革命措施触犯了吴三桂等地主阶级的利益。

不管怎么说，吴三桂还是背叛了大顺政权。但背叛大顺政权与归顺大清王朝是两个完全不同的概念。吴三桂又是如何归顺大清王朝的呢？

1644年5月3日（三月二十七日），吴三桂在永平西沙河驿站决定迅速杀回山海关！5月9日（四月初四），他的军队就从大顺军队的手中夺回了山海关！大顺政权的军队被杀得仅剩八骑逃还北京。

而这个时候吴三桂的兵力号称十五万。他在演武场阅兵誓师，将李自成的使节李甲斩首，陈乙割两耳后放回。同时，他还亲自给父亲吴襄写了回信，表明与李自成的大顺政权彻底决裂。在给他父亲的信中，他说道：“父既不能为忠臣，儿亦安能为孝子乎？儿与父诀，请自今日。”（《明季北略》）

吴三桂的这封信，明里是针对父亲，实则也是针对大顺政权而写的。他直斥父亲隐忍偷生投降，对他训以非义，断然表示拒绝，并宣布自写信之日即与父亲断绝关系。这封信不仅与父诀别，而且也是同农民军的彻底决裂。当然，这封信也有变相保护自己父亲的意思。

与此同时，吴三桂还下令收拢关外各地汉民迅速转移到山海关内各州县驻扎，准备抵抗大顺军队。这个时候的李自成将会做出什么样的对策呢？

1644 年 5 月 11 日（四月初六），李自成知道了他的使节被处死的消息。5 月 14 日（四月初九），又看到了吴三桂给父亲吴襄的信。他感到了问题的严重性，他非常震怒，责备刘宗敏误事误国。李自成甚至亲自将吴襄释放出狱，并设宴招待，以示笼络。

但一切都太晚了。李自成也知道，只有自己领兵讨伐吴三桂这一条路了！ 5 月 18 日（四月十三日），李自成率马步兵十万，带领刘宗敏、李过等一班大将，亲领精兵七千，出正阳门，向山海关进发。他将崇祯帝的三个儿子，太子朱慈烺、永王、定王带在军中，盼望吴三桂还眷恋故主之情；他将吴三桂的父亲吴襄也押在军中，希望吴三桂还顾虑父子之念。

坐收渔人之利

山海关距北京仅 350 公里，农民军却走了 9 天！李自成一边亲率大军来征讨，一边却仍对吴三桂抱有幻想，希望吴三桂不战而降，他在行军路上几次写信向吴三桂劝降。吴三桂为了迷惑李自成，派了手下 6 名将领前往大顺军诈降。李自成虽对六将心存戒备，但仍对吴三桂有侥幸心理。5 月 26 日（四月二十一日），李自成率领大军抵达山海关。

吴三桂知道自己打不过李自成，他会做出什么样的抉择呢？

这个时候的吴三桂心里明白，自己既然已经与大顺政权决裂，就必须要考虑后路。他非常清楚，就凭自己手上的人马，绝对不是大顺政权的对手！但是，这个时候的他知道，他不能做出降清的抉择！您想啊，投降与之交战了十数年的清廷，与他作为明朝忠臣的初衷相违；投降异族也与他的思想观念格格不入啊。谁愿背上千古骂名呢？

因此，他决定，向大清王朝的摄政王多尔衮借兵！吴三桂命书吏起草了一封向大清王朝的摄政王多尔衮请兵的信，他在信中道："乞念亡国孤臣忠义之言，速选精兵，直入中协、西协，三桂自率所部，合兵以抵都门，灭流寇于宫廷，示大义于中国，则我朝之报北朝者，岂惟财帛？将裂地以酬，不敢食言。"（《清世祖实录》）

我们要注意，这是一封"借兵"的信，不是投降的信。为什么呢？

第一，写信的名义：吴三桂以"亡国孤臣"的名义，恳请清朝出兵，帮助他报君父之仇，以图明朝"中兴"，恢复其统治。无意降清的意思表达得很清楚。

第二，双方的称谓：吴三桂称清为"北朝"，与"我朝""中国"相对应。泾渭分明，即使明朝已亡国，他仍属明朝，与清无涉，这又明确自己的立场不容混淆。

第三，清军进兵路线：一从"中协"即喜峰口、龙井口等处；一从"西协"即墙子岭、密云等处入口。这两条路线是清兵经年屡次入口征明的旧路，吴三桂却牢牢地控制着"东协"即山海关与界岭口等重要关隘。从山海关至京师便捷，独当正面进兵。从西协、中协走，已属侧翼，要绕路，误时日。显然，吴三桂自为主，而把清兵置于"客兵"的地位。从吴三桂的这个安排，也看不出他与清为一家之意。另外，从这个安排来看，他还有鹬蚌相争，渔翁得利以及坐山观虎斗的意思。实际上他想通过自己的安排达到大清与大顺两个政权火并，以此恢复大明江山的意思。

第四，酬劳：吴三桂郑重声明，“我朝”报答清兵“兴亡继绝”的扶助之功，不只给财物，还将“裂地”即割让领土酬谢。吴三桂俨然以明朝的代言人许以优厚的条件，此与降清毫无共同之处。而一旦出现大清与大顺两个政权火并的局面，还哪里有什么酬劳啊！因此，这个所谓的“酬劳”实际上是假的。

由此可以得知，这个时候，我们还不能说吴三桂已经降清！

但大清王朝的摄政王多尔衮何许人也，他哪能那么容易就会上当而答应吴三桂的请求呢？

这个时候，大清王朝的摄政王多尔衮已经亲自带领豫亲王多铎、英亲王阿济格等一批猛将，倾其举国之力，于5月14日（四月初九）从沈阳誓师出发，参加逐鹿中原的战斗。5月19日（四月十四日），进军途中，大清王朝的摄政王多尔衮接到了吴三桂的信。

此时，大清王朝的摄政王多尔衮未敢轻易相信吴三桂，他决定：第一，派人到山海关探看虚实；第二，改变行军路线，以一日一夜行一百公里的速度直趋山海关；第三，调取攻城用的红衣大炮，发往山海关；第四，给吴三桂复信，信中说，“期必灭贼，出民水火。……今伯若率众来归，必封以故土，晋为藩王”。（《清世祖实录》）

大清王朝摄政王多尔衮的此信撇开吴三桂所提的具体条件而不论，而是向吴三桂昭示了大清出兵之本意，打出了“期必灭贼，出民水火”的旗号，从而与吴三桂提出的为君父“报仇”，与“流贼”不共戴天的呼吁取得了完全一致。但这封信的主旨在最后几句话，也就是劝吴三桂“来归”（投降），以裂土封王的最高奖赏诱其动心。

看来，吴三桂的“借兵”想法没能实现。他下一步将会做何打算呢？

这个时候的吴三桂心里肯定特别不是滋味：前面是来剿灭自己的大顺政权的20万军队，后面是自己已经与之战斗了十多年的十几万八旗精兵。

自己已经与李自成决裂，而大清王朝的摄政王睿亲王多尔衮又没有答应“借兵”的要求，反而提出了“来归”——也就是投降的条件。

这个时候的吴三桂又给大清王朝的摄政王多尔衮写了第二封信。信中说道，“三桂承王谕，即发精锐于山海以西要处，诱贼速来。……以图相机剿灭，幸王速整虎旅，直入山海，首尾夹攻，逆贼可擒，京东西可传檄而定也。又仁义之师，首重民安，所发檄文最为严切，更祈令大军秋毫无犯，则民心服而财土亦得，何事不成哉！”（《清世祖实录》）

从这封信中，我们可以看到，这个时候的吴三桂已经有了“来归”——也就是投降的想法，证据：一是“三桂承王谕”；二是“何事不成哉”。但是，我们也可以看到，吴三桂还在闪烁其词，自始至终没有明确说他要“来归”！就在这个时候，5月26日（四月二十一日），李自成率领大军抵达山海关！山海关大战开始了！

双方大战一天，吴三桂损失惨重，但还是见不到八旗精兵的影子。吴三桂亲自突围，面见大清王朝的摄政王多尔衮。

见到大清王朝的摄政王多尔衮之后，吴三桂提出了酬谢清朝的三项条件，“毋伤百姓，毋犯陵寝。访东宫及二王所在，立之南京。黄河为界，通南北好”。（《谀闻续笔》）也就是说，一是寻找到崇祯的太子，在南京重建大明政权；二是双方以黄河为界，以北归清，以南归大明，两国通好，互不侵犯；三是请清兵入北京，不得侵犯明历朝皇帝陵寝，也不得伤害百姓。

此时，大清王朝的摄政王多尔衮则提出，大顺政权的军队与吴三桂的军队装束甲仗相似，无法辨认，恐致误伤，命令吴三桂与其将士剃发以相区别。吴三桂即行剃发！5月28日（四月二十三日），山海关大战以大顺政权和吴三桂两败俱伤、大清王朝坐收渔人之利而告结束。从此以后，吴三桂就归顺了大清王朝，为消灭南明和镇压农民军东征西讨。

在这次三方斗智斗勇的时候，就体现出了大清王朝摄政王多尔衮高超的才能。

此后的李自成兵败如山倒，摄政王多尔衮率领所部直捣北京城。进京路上，大清王朝的摄政王多尔衮及其所属部队一路之上如入无人之境一般。

故事发展到大清王朝的摄政王多尔衮进入了北京这一步，这麻烦事又来了——盛京那边就有人传言说摄政王多尔衮要称帝篡位了。这个时候，摆在顺治皇帝和他的母亲孝庄皇太后面前的，实际上真的是一场大危机。

摄政王多尔衮要称帝篡位的传言到底是真是假？此时的顺治皇帝和他的母亲孝庄皇太后，应该怎么做呢？

清初政策

话说大清王朝的摄政王多尔衮取得山海关大捷后，以吴三桂军为先导，率领八旗军向北京进发。沿途的原大明王朝的官兵纷纷献城投降，并奉表称臣。李自成则于 5 月 31 日（四月二十六日）败归北京，6 月 3 日（四月三十日），李自成在北京称帝，怒杀吴三桂一家老小 34 口人。6 月 4 日（五月初一），李自成放火烧毁了紫禁城一些宫殿，弃京西走，撤到晋陕一带休整，以图再举。6 月 6 日（五月初三），摄政王多尔衮率领八旗子弟，浩浩荡荡开到北京城下。

北京城里的明朝文官武将听到消息，连忙出城迎接。他们走出离城门五里地以外，跪在大道两旁，不顾千军万马扬起的尘土，不住地磕着响头。摄政王多尔衮命令明朝官员在前面带路，从朝阳门经正阳门进入皇宫。进城之后，摄政王多尔衮在武英殿升座。他看了一眼那些恭恭敬敬的明朝官员，说："我们大清军是仁义之师，这次进关杀贼，是为了替你们报君父之仇。"说罢，他又对身边的清朝王公大臣们说："传我的命令，诸将进城，不许闯入民宅，对百姓要秋毫不犯，违令者严加惩办！"中国的历史，又翻开了新的一页——大清王朝对中国的统治正式开始了。

荷包与皇位

过了几天，摄政王多尔衮又装模作样地为崇祯皇帝发丧，表示自己不会跟明朝的官僚地主们为敌。消息传开，那些为逃避农民军躲到城外的地主和官僚也都高高兴兴地回到家里，按满族人的习惯剃了头发，留起辫子，迎接清军。摄政王多尔衮实现了父兄多年的夙愿，占领北京。

此时此刻，对于摄政王多尔衮来说，的确存在着下面的这种可能性：谁占领北京城，谁就可以称皇帝了。如果发生这种事情的话，这个时候的顺治皇帝和他的母亲孝庄皇太后应该怎么做呢？

我们先来看看电视连续剧《孝庄秘史》中的描写：

摄政王多尔衮属下的大臣："王爷，恕我直言，（您）是不是在犹豫，要不要自立？"

摄政王多尔衮："我有我的难处。许多人都向我劝谏。中国几千年来，周公是最受世人所钦仰的。"

摄政王多尔衮属下的大臣："先圣先贤。周公和王爷一样，辅摄幼主。成就不朽功业，地位之高，远胜后世帝王。还有一个例子，明太祖传位给孙子，儿子燕王不满，篡位自立。即使他的政绩不算坏，可篡位总是个洗不清的污点。难逃史笔诛伐。要做周公，还是燕王？要争一时还是争千秋？以王爷睿智，当知取舍。"

摄政王多尔衮属下的大臣："启禀王爷，京中特使刚到。急着要见王爷。"

摄政王多尔衮："苏茉儿，你怎么来了？"

苏茉儿："我亲自来向王爷道贺啊。"

摄政王多尔衮："看到你真的很开心！燕京繁华得很，要不要我叫人带你去逛逛？"

苏茉儿："别忙，我还有正事没办呢。这是格格让我捎给您的东西。她还有两句话要我带给你。"

摄政王多尔衮："你说。"

苏茉儿："这个荷包，只怕没有江山重。不过，是她的一片真心！"

摄政王多尔衮："罢了，我做周公。"

你看，电视演到这儿，还是挺浪漫的。摄政王多尔衮觉得自己可以不做皇帝了——因为孝庄皇太后说了：荷包代表我的心。

历史上真的有这么个荷包吗？真的因为一个荷包，摄政王多尔衮就放弃了皇位吗？

历史，不是这样的！历史上是不会发生摄政王多尔衮因为孝庄皇太后的一个荷包就放弃皇位的事情的。为什么呢？

第一，我们前面已经讲了，顺治皇帝的母亲孝庄皇太后与摄政王多尔衮两个人结成政治同盟的主要目的是针对肃亲王豪格。但是，在进军北京的过程中，摄政王多尔衮立下了汗马功劳，可肃亲王豪格也立下了汗马功劳啊。所以，大清王朝内部的争斗并没有在此时结束。因此，无论是对于顺治皇帝的母亲孝庄皇太后还是对于摄政王多尔衮来说，他们两个人结成的政治同盟还不能瓦解！

第二，对于摄政王多尔衮来说，即使占领了北京城，也并不等于统一了全中国。此时的中国境内，各地都在反抗着大清王朝的统治——也就是说，此时的大清王朝，才只是占领了一个小小的北京城而已。问题在于——就像我们后来经常说的那样——这只是万里长征走完了第一步，今后的路确实很长！所以在这个时候，在摄政王多尔衮看来，此时的他还远没到称帝的时候。

因此，如果这个时候的摄政王多尔衮称帝——当然，他有称帝的资格——的话，不但会引起满清政府内部的分裂，还非常有可能造成汉人政权卷土重来的现象。到最后，很有可能又是一团乱麻，事情可能又要重新回到最初的起点——而这，恰恰是所有的人都不愿意看到的。因此，在这个时候，摄政王多尔衮还是为大局着想，没有称帝。

迁都之争

也就是说，摄政王多尔衮进入紫禁城之后的第一件大事，并不是他称不称帝的问题，而是大清王朝是否迁都北京的问题。

其实，在历史上，关于是否迁都北京也存在着争论——不过，这场争论不是来自摄政王多尔衮与孝庄皇太后两个人之间，而是来自摄政王多尔衮和他的亲哥哥英亲王阿济格之间。

事情是怎么回事儿呢?

当摄政王多尔衮建议迁都北京的时候，英亲王阿济格表示反对："初得辽东，不行杀戮，故清人多为辽民所杀。今宜乘此兵威，大肆屠戮，留置诸王，以镇燕都。而大兵则或还守沈阳，或退保山海，可无后患。"在这种情况下，摄政王多尔衮以太宗皇太极的遗言回答了其胞兄英亲王阿济格："先皇帝尝言，若得北京，当即徙都，以图进取。况今人心未定，不可弃而东还。"1644年7月，摄政王多尔衮终于统一诸王、贝勒、大臣的意见，决定迁都北京，派遣辅国公吞齐喀等携奏章前往盛京皇宫迎驾。

此时，即位不足一年、年方6岁的顺治皇帝，自然采纳了摄政王多尔衮迁都的意见。1644年8月9日（七月初八），顺治皇帝在告上帝文中宣布：接受摄政王多尔衮的奏请，“迁都定鼎，作京于燕”。1644年9月12日（八月十二日），孝庄皇太后、顺治皇帝驾车从盛京出发，1644年10月19日（九月十九日）到达京师，从正阳门入宫。

1644年10月30日（十月初一），顺治皇帝因皇极殿（今太和殿）被李自成焚毁，便在皇极门（今太和门）张设御幄，颁诏天下，正式“定鼎燕京”。

祖、父28年奋争未能实现迁鼎燕京，年方6岁的顺治皇帝却实现了。他在摄政王多尔衮的辅佐下，“入关定鼎，奄有区夏”。所以，顺治皇帝身后得到的庙号是“世祖”，而他的父亲皇太极的庙号仅是“太宗”。

这一切都来得太突然，甚至于令人来不及思索；这一切又来得太轻易了，让人不能不怀疑这是“天福降临”——皇太极为自己的儿子清世祖顺治皇帝所起的名字“福临”——实在是太应景了。

对于这一段历史的评价，刘亚洲上将在他的《甲申再祭》一文中指出：

> 甲申年明清鼎革战争中，中国唯一合格的领导者是多尔衮。有一句耳熟能详的口号叫“振兴中华”，多尔衮就是振兴中华的功臣。多尔衮是中华民族的骄傲，虽然他不是汉族人的骄傲。满清入主中原，从某种意义上来讲是拯救了中华民族。明朝哪里出现过什么“资本主义萌芽”？封建之树常青。中国已成死水。死水只有一个发展方向，就是变臭，变烂。一切都逼近绝境。就在这个关头，英姿勃勃的多尔衮登场了。满族人具有极大的进取心。他们在关外的日子过得挺滋润：沃野千里、牛羊成群、政治清明、军队剽悍。但他们没有满足于此，把目光投向中原。中原到手后，他们的步伐仍没有停下来。他们一次又一次地注视着远方。和成吉思汗一

样，八旗铁骑几乎把冷兵器时代的征伐演绎到了完美的极致。多尔衮及其后代对中国历史做的最大贡献就是国家的完全统一。直到今天，我们还享受着睿亲王留给我们的这一笔丰厚的遗产。……满族是个强势民族。强势民族最醒目的标志是，它的心胸非常开阔，什么好的东西都可以接受。因为开阔而虚心，又因为虚心而开阔。……满清从不拒绝在他们看来是优秀的东西，这正是他们强盛的原因。在所有的优秀东西中，他们最不拒绝的是人才。……崇祯自毁长城。清朝皇帝像重视生命一样重视人才，包括重视敌人阵营中的人才。锦州总兵祖大寿曾杀死无数清兵，投降后又逃跑，十年后再降，皇太极仍能容忍、使用，器量如海。难怪无数人才死心塌地为之卖命。此种宽容大量，不要说朱明王朝差远了，就是李世民也要自叹弗如呢。多尔衮又在皇太极之上。吴三桂来降，多尔衮立即给了他与自己平等的待遇——封王。赵无眠认为，清代是中国历史上最好的朝代之一，此说虽有争议，但不争的是，清朝十三个皇帝在帝王群中是排名靠前的，尤其与明朝十三帝比，爱新觉罗氏品种优良，朱氏残次。爱新觉罗氏中佼佼者首推多尔衮。努尔哈赤有军事天赋，皇太极有政治天赋，多尔衮兼而有之。今天回顾甲申年历史，我们清晰地看到，在多尔衮身边簇拥着一个人才班子，也就是今天我们讲的精英群。……多尔衮的聪明使他拥有了巨大的人才库，而人才库又使他变得更聪明。多尔衮的每一个举动都闪烁着睿智的光芒。甲申年，这个三十多岁的年轻人签收的是怎样一个巨大的摊子呀。你看他，不慌不忙，从容不迫。帷幄中迭出妙策。仅用人一项，就不知超出崇祯千万倍。

再说摄政王多尔衮在山海关击败李自成、随后占领北京城之后，并没有让所说的八旗子弟兵的兵马停歇下来。1644 年 11 月 17 日，他令英亲王阿济格为靖远大将军，率领吴三桂、尚可喜等军由大同向榆林进兵，然后从陕北南下西安，征讨李自成属下的大顺军。1644年11月23日，他又令自己的弟弟豫亲王多铎率领孔有德、耿仲明等部，从河南怀庆攻克潼关。

李自成和张献忠先后失败后，摄政王多尔衮又命令上述两部移师东南和西南，继续征讨南明政权残部和农民军结合的抗清力量。

留发不留头

我们说完这一段以后，电视连续剧《孝庄秘史》中也进入了一个阶段——剃发令出台了。

在电视连续剧《孝庄秘史》中，剃发令的出台是因为摄政王多尔衮和孝庄皇太后两个人赌气的结果。下面我们先来看看剧中的相关介绍：

摄政王多尔衮："我要你。不管你是妻子还是情人，反正我要你。"

孝庄皇太后："不行的。多尔衮，你不要为难我。"

摄政王多尔衮："为什么不行？是不是你变心了？还是你对我……"

孝庄皇太后："你怎么可以说这样的话呢？你知道我心里有多苦。"

摄政王多尔衮："玉儿，你听着。我们已经等了这么多年。我们之间现在已经没有任何障碍了。"

孝庄皇太后："不可以的，不可以！"

摄政王多尔衮："为什么不可以？我说过了，四哥不值得你为他这么做！"

孝庄皇太后："说穿了，我也不是为了先帝。"

摄政王多尔衮："那你顾虑什么？按照我们满蒙的习俗，寡嫂小叔在一起，根本是司空见惯的事。我们没有汉人那些传统礼教、啰唆规矩。"

孝庄皇太后："我只为我儿子。"

摄政王多尔衮："内院学士写旨来看，下个剃发严令。"

内院学士："王爷，诏书上该强调……遵依者为我们之民，迟疑者为逆命之寇。"

摄政王多尔衮："行，京城内外十日，外省，自旨到之日，也是十日，一律剃发。"

孝庄皇太后："摄政王……此事应交户部议和后再定。是否下次朝会再行颁布？"

摄政王多尔衮："这么点儿小事何须再议呢？"

历史上，真的是这么回事儿吗？

这可是大错特错了。剃发令的出台完全不是这么回事儿。

剃发令颁布的真相究竟如何？清军入关以后，顺治皇帝治下的大清王朝为什么要颁布剃发令呢？这是我们这本书必须要探讨的。因为剃发令的颁布，引起了当时各地汉人，尤其是江南人民的强烈反抗。据说当时因为服饰、发型而被杀的汉人竟然高达几十万。而在电视剧中，这么重要的一个剃发令，居然被说成是因为摄政王多尔衮和孝庄皇太后闹矛盾赌气而颁发的。这显然是不合适的！

那么剃发令的颁布究竟是怎么一回事儿呢？

前面我们曾经说过，1644 年 5 月 27 日（四月二十二日），摄政王多尔衮率八旗子弟进入山海关的第一天就下令吴三桂所属军队进行剃发。6 月 4 日（五月初一），摄政王多尔衮率领清军过通州，通州知州迎降，摄政王多尔衮"谕令剃发"。6 月 5 日（五月初二）摄政王多尔衮率领八旗子弟进入北京，6 月 6 日（五月初三）摄政王多尔衮给兵部和原明朝官民分别发出命令，命兵部派人到各地招抚，要求"投诚官吏军民皆着剃发，衣冠悉遵本朝制度”。这是清朝进入北京后正式下达剃发和易衣冠的法令。

所谓剃发，是指男子必须依满洲习俗剃发：前部头发剃尽，顶发四周边缘剃去寸许，不遵令者当“逆命之寇”。

按常理，穿什么服饰、留什么发型和统治并无多大关系，但满洲人入关后赋予了它们新的内涵。

为什么清朝的统治者诸如摄政王多尔衮等人会在发型和服饰上不惜对汉族民众痛下血手呢？

一方面，是其固有的民族歧视与游牧民族对武力的迷信；另一方面，满洲皇帝是深谋远虑的。

早在皇太极统治时期，皇太极就曾经总结以前契丹人和女真人两次入主中原“数世之后，皆成汉俗”的历史教训，认为满洲人入关之后，也会不可避免地被汉化，自己的民族很有可能因为被汉化而面临最终消亡的危险！

为了避免满洲人可能被汉化而最终消亡这一结局的出现，皇太极认为，关键是要保证满洲人的“骑射”传统绝对不能丢。而为了保证满洲人的“骑射”传统不丢，那么满洲人的辫子和服装服饰，那也是绝对不能放弃的！这是皇太极留给后世的“祖训”！既然“祖训”不可更改，而且要保证其统治的长久，那么唯一的牺牲品就是汉族人民。

改换汉人的发式、衣冠，可以营造一种满汉“同类”的假象，避免汉人因为发式、衣冠的差异而引发“华夷之辩”与“亡国之痛”！

汉民族的发式、衣冠在那时已经有几千年的历史，集中凝结着汉民族的文化传统与民族精神。剃发、易服其实就是从精神上、文化上将汉人灭族。

汉族人民几千年来一直沿袭儒家思想中的“身体发肤，受之父母，丝毫不可损伤也”这一传统。对于汉族人民来说，“身体发肤，受之父母，丝毫不可损伤也”就是古训，就是根基！

因此，剃发是大不敬的罪过！剃发，对于绝大多数长期以来一直受到儒家思想耳濡目染的汉族人民来说，无异于死亡！

而在历史上，以剃发代替死刑的事情也是经常发生的。最典型的就是曹操割发代死。这个方面，详细的情况我们可以参见《三国志·魏书一·卷一·武帝纪》，这里从略。

您想一想，是不是这个道理？我投降就投降了吧，您还要在我的身上留下一个已在我心目中比死亡还要难受的记号——剃发——来羞辱我！这就太让人感到不自在了吧！您想啊，要是不留下这样一个记号，谁能知道我是投降了呢还是没有投降呢？您这一留记号不要紧，谁都知道了我投降不说，这个还是违背我的信仰的比死亡还要让人难受的记号！您这不是逼着我们造反嘛！

正如顾炎武先生的“断发”所说的那样，“一旦持剪刀，剪我半头秃”“华人髡为夷，苟活不如死”！

这就是为什么因为发式、衣冠的更改而能够引发惊人的血案的原因。清军入关后全国因服饰、发式而被杀的汉人不下几十万，当时在中国的一位西方传教士看到这些情景写道：“全世界像汉族这样因服饰、发式而遭屠杀的民族绝无仅有。”

因此，剃发令的颁布最能引起汉族人民广泛的反抗。这中间，最为典型的反抗个案当属江阴八十一日。

江阴八十一日是指1645年夏江阴人民为抵制清朝剃发令，在阎应元等领导下进行的反清斗争。因为前后长达81天之久，故被称为“江阴八十一日”。

江阴八十一日

1645 年夏，江阴降清。这里，我们要注意到这样一个史实，江阴本来已经降清！

就在这个时候，清朝派出了一个更早一些投降清朝的前明官吏——方亨继任为江阴新的知县。方亨依照清朝惯例，颁布了剃发令。

这样一来不要紧，迅速激起了民变。

1645 年 7 月 21 日（六月二十八日）士民请愿留发留衣冠。方亨破口大骂。众人大怒，骂道：“你身为中国进士，头戴纱帽，身穿圆领，来做鞑靼知县，不知道羞耻吗？”方亨羞愧不已，暂停所议。

此后，方亨召集诸生百余人及乡绅、百姓会于文庙。众人问道：“现在江阴已尽归顺，应该没有什么事了吧？”方亨道：“只剩下剃发了。”众人道：“发可不剃吗？”方亨道：“这是大清律法，不可违背。”说罢就回衙了。

诸生许用等人聚集不去，在明伦堂共同立誓道：“头可断，发决不可剃！我中国男儿岂可失身！”

正在这时，常州府发来严令剃发的文书，其中有“留头不留发，留发不留头”的话。方亨叫书吏把府文写成布告张贴，书吏写到这句话时义愤填膺，把笔扔到地上说：“就死也罢！”消息很快传遍全城，立刻鼎沸起来。

方亨见士民不从，秘密报告常州府请上司派兵“多杀树威”。

结果，这封密信被义民搜获，于是在 7 月 24 日（闰六月初二）擒住方亨，斩杀清差，推陈明遇为首，以“大明中兴”为旗号，自称“江阴义民”，正式反清！

陈明遇虽然忠肝义胆，却感到自己缺乏军事组织才能，在他推荐下，江阴士民把乡居的原任典史阎应元迎接入城，担负守城重任。

典史，是知县下面掌管缉捕、监狱的属官，相当于我们当今的县公安局局长。

江阴不过是一座小小的要塞，全城仅九万多人。被百姓们推举为守城统帅的阎应元既无在扬州抵抗清朝军队的一品大学士史可法的十万大军，又无在嘉定抵抗清朝军队的三品通政使侯峒曾的地位显赫，但他居然应全城百姓重托，于二十四万清兵的大炮、强弩之下，担当起了九万平民百姓的指挥官。

阎应元入城后，立即把全城的户口分为丁壮老幼详加调查，挑选年轻力壮的男子组成民兵，会合乡兵分班上城，每个城垛十名，按时换班，分守四门。

在八十一天的血战中，阎应元与全城百姓同仇敌忾，击毙清兵万余，其中三位王爷、十八位大将。

阎典史几乎使用了三十六计中的所有计谋，诈降、设伏、火攻、草人借箭、装神弄鬼、声东击西、夜袭敌营、城头楚歌，居然连人体炸弹也用上了！

阎应元招募自愿老者出城诈降，将炸药放在装银两的木桶夹层中，献纳时引燃导火索，几位须发皆白的老者与清军王爷一、上将三及三千贼寇玉石俱焚，清军不得不三军挂孝。

城破之时，阎应元端坐于东城敌楼之上，要了一支笔，在城门上题写：

八十日带发效忠，表太祖十七朝人物，十万人同心死义，留大明三百里江山！

题罢，阎应元带着千人继续上马格斗，杀死清兵无数，欲从西门突围而不得。他环顾从者道：“为我谢百姓，吾报国事毕矣！”自拔短刀，刺胸血出，投水自尽，被清兵拉出水面后刺断胫骨令其下跪，他倒地后膝盖不弯直至气绝！

当清军开始屠城的时候，百姓或力战到底，或坦然就义，都以先死为幸！妇女多贞烈，投河而死！7岁孩童，毅然就义，无一人顺从！

有人统计，江阴小城城内被屠者97000余人，江阴遗民仅53人躲在寺观塔上保全了性命。

沧海横流，方显英雄本色。江阴军民这视死如归，以身殉国之精神，真可谓“惊天地，泣鬼神”矣！

嘉定三屠

不单是江阴地区，在上海地区也有很多的反抗清朝统治者剃法暴行的行动。这其中，最为有名气的就是上海市郊嘉定人民的反抗。

1645年闰六月，嘉定左通使侯峒曾、进士黄淳耀为抵制清朝剃发令，与嘉定全城民众抗击李成栋的清兵入城。死守12日，毙敌75000多人。因援绝矢尽，大雨坏城，终为所破，侯峒曾与二子指挥作战，敌不过，便相抱投水。

1645年8月24日（七月初四）嘉定城破，李成栋下令屠城，放纵部下大肆劫掠屠戮，明人朱子素的笔记《嘉定乙酉纪事》载：“兵丁每遇一人，辄呼蛮子献宝，其人悉取腰缠奉之，意满方释。遇他兵，勒取如前。所献不多，辄砍三刀。至物尽则杀。故僵尸满路，皆伤痕遍体，此屡砍位能非一人所致也。”大屠杀持续了一日，约三万人遇害，“自西关至葛隆镇，浮尸满河，舟行无下篙处”。(《嘉定乙酉纪事》，下同）李成栋则“拘集民船，装载金帛、子女及牛马羊等物三百余船”，满载而去了。此为嘉定第一屠。

杀戮的恐怖并未吓倒民众，李成栋一走，四散逃亡的民众又再度聚集，一位名叫朱瑛的反清义士率五十人进城，纠集民众，又一次控制了嘉定。“乡兵复聚，遇剃发者辄乱杀，因沿路烧劫，烟焰四路，远近闻风，护发益坚。”李成栋遣部将徐元吉镇压，因嘉定居民闻风逃亡，这一次的目标主要是城郊，“数十里内，草木尽毁。时城中无主，积尸成丘……民间炊烟断绝”。尤其是外冈、葛隆二镇，因为组织乡兵进行了抵抗，几乎被烧杀殆尽。此为嘉定第二屠。

抵抗的余波还在继续。八月二十六日（七月初六），绿营把总吴之藩造反，此人本是吴淞守军将领冯猷猷部下，随冯猷猷投降了李成栋，但这是一次无望的起义，很快就被覆平，李成栋恼怒，嘉定也再遭浩劫，连平息吴之藩的造反外带屠戮平民，嘉定城内外又有两万多人被杀，这是嘉定第三屠。

此时的摄政王多尔衮一面杀人，一面还道貌岸然地说：“君，父也；民，子也。父残其子，情理之所必无。况诛戮所以惩有罪，岂有无故杀人之理？”

制造嘉定三屠的李成栋这个人很值得我们回味。我们前面讲李成栋投降大清王朝之后制造了嘉定三屠。李成栋这个人又后悔了！他又投入到了反清复明的宏伟大业中去了！有的时候，我们就在想，这事怨谁呢？这个到底是谁的责任呢？学了这么多年历史的我也搞不清楚。

聪明反被聪明误

我们这儿又说到了摄政王多尔衮。摄政王多尔衮为什么会犯如此巨大的错误呢？与孝庄皇太后难道真的就没有任何关系吗？

话还不能这么说，促使聪明睿智的多尔衮犯如此巨大的错误的原因一定与孝庄皇太后有关系！

原因主要来自以下四个方面：

第一方面，是由摄政王多尔衮自身造成的。摄政王多尔衮毕竟是一个封建王朝的摄政者，他的思想觉悟还不可能很高，他的执政能力也很有限。他还不可能从理论和实践上深刻地认识应该如何彻底征服一个从内到外都完全高于自己民族的一个民族。所以，一旦遇到挫折，他的思想意识就会向着完全相反的方向靠拢。这就是我们中国人通常所说的一句俗话“矫枉必须过正”的道理。摄政王多尔衮也绝不会超出他的阶级和时代赋予他的局限性。

第二方面，是由八旗官兵和满洲贵族造成的。八旗官兵和满洲贵族打天下的目的就是坐天下。与那些历史上杰出的人物不同，这些普普通通的八旗官兵们没有那么多的想法，他们是不会想那些诸如应该如何彻底征服一个从内到外都完全高于自己民族的一个民族等问题的。他们只是需要享受，需要向征服者显示出自己的权威。摄政王多尔衮作为八旗官兵和满洲贵族利益的代表，他必须努力地去维护八旗官兵和满族贵族的利益，这些八旗官兵和满洲贵族才能去支持他。因此，摄政王多尔衮只能采取一些政策，来适应这些八旗官兵和满洲贵族，他才能保持住摄政王的位置。而他实行的这些政策，恰恰引起了广大汉族人民的强烈不满，激化了满汉民族间的矛盾——当然，因剃发令而造成的这些后果，摄政王多尔衮不是不知道，但他一方面过于相信大清王朝八旗子弟的武力；另一方面也因为自己当时的境遇，也只能暂时走一步算一步了。

第三方面，是由投降清朝的原明朝官兵造成的。由于多种原因，在清军入关的过程中，很多明朝的官兵不是去努力抵抗，而是迅速投降了大清王朝——这个大明王朝的死对头。他们不但投降，而且还加速助纣为虐。他们面对着大清王朝的军队是极尽卑躬屈膝之能事，而面对着没有投降大清王朝军队的汉族知识分子和农民武装，则毫不手软，高高举起了屠刀！他们面对着这些宁可死亡也决不投降大清王朝的精神世界的胜利者，没有任何办法，只能通过杀掉他们来缓解自己内心的空虚和无助！

第四方面，是由于摄政王多尔衮与孝庄皇太后关系的日益加深，他的思想也随之受到对汉人怀有满腔深仇大恨的孝庄皇太后的影响，从而改变了原来的命令，即“命令旗兵勿杀无辜，勿掠财物，勿焚民宅，不听命令要处罚”，摄政王多尔衮也逐渐开始放纵自己的八旗军队滥杀无辜，造成了遍及全国各地的大屠杀。

正是因为以上几个方面的原因，才促使多尔衮逐渐地改变了自己既定的正确决策，向着错误的方向越走越远。

当然，这也促成了顺治皇帝因反感自己的母亲孝庄皇太后与摄政王多尔衮的关系日益加深而刻意地反思此项政策给大清王朝的统治带来的恶果，从而去刻意地接近汉文化、刻意地喜欢汉文化，而在未来的很长一段时间里，顺治皇帝逐渐对摄政王多尔衮、对自己的母亲孝庄皇太后所做的一切产生对抗的心理，并逐渐把这种对抗由心理变成一种行动。这是后话，暂且不提。

六妻四妾

说起摄政王多尔衮和孝庄皇太后之间的感情关系，如果按照当时满洲人的风俗，或者当时蒙古人的风俗，这个时候如果皇太极死了，那摄政王多尔衮与孝庄皇太后之间发展关系，或者说关系进一步密切一些，或者说孝庄皇太后真的下嫁给摄政王多尔衮，那都是顺理成章的事情——也就是说，在当时来看，双方都是完全具备这个条件的。

当时的顺治皇帝还小，这个时候他的母亲孝庄皇太后的作用应该显示出来了——也就是说，孝庄皇太后才正式登上了大清王朝的政治舞台——只有从这个时候起，她才算是真正登上了大清王朝的政治舞台——江湖上传言她曾经先后辅佐过四代帝王的说法，肯定是不准确的：1626 年，努尔哈赤去世时，她才 13 岁。13 岁的布木布泰能辅佐 67 岁的努尔哈赤吗？1636 年皇太极称帝时，她才 23 岁，44 岁的皇太极用得着 23 岁的庄妃辅佐？真的用不着！庄妃只要给皇太极生个儿子就行了！

我们在说到孝庄皇太后和摄政王多尔衮的关系时，必然首先会涉及摄政王多尔衮的众多妻妾。

多尔衮的一生，妻妾至少有十多个。这其中，有名有姓、能够知道其父母是何人的就有十个之多——六妻四妾。

多尔衮的这六个妻子是：结发妻子博尔济吉特氏（蒙古科尔沁台吉吉桑阿尔寨之女），死后被多尔衮私自上谥号为“敬孝忠恭正宫元妃”；继福晋佟佳氏（尚书孟噶图之女）；三娶福晋扎尔莽博尔济吉特氏（根杜尔台吉之女）；四娶福晋科尔沁博尔济吉特氏（拉布什西台吉之女）；五娶福晋科尔沁博尔济吉特氏（索诺布台吉之女，即原豪格的福晋）；六娶福晋朝鲜李氏（金林郡公李开音之女）。

多尔衮的四个小妾是：察哈尔公齐特氏（布延图台吉之女）、博尔济吉特氏（杜思噶尔卓农台吉之女）、济尔莫特氏（帮图武之女）、朝鲜李氏（李世绪之女）。

说完了多尔衮的妻妾，一个问题就出现了：电视连续剧《孝庄秘史》中，摄政王多尔衮的身边还真的有一个老婆——小玉儿。

前面曾说过，电视连续剧《孝庄秘史》中的小玉儿的原型实际上就是摄政王多尔衮的结发妻子博尔济吉特氏——蒙古科尔沁台吉吉桑阿尔寨的女儿。在电视连续剧《孝庄秘史》中，多尔衮的这个结发妻子特别能吃醋，天天把醋坛子打翻。我们来看看电视连续剧《孝庄秘史》中，她是怎样吃醋的：

摄政王多尔衮："听说前些日子皇太后受了风寒，不知道今儿好些了没有？"

小玉儿："皇太后？皇太后没事啊！"

摄政王多尔衮："我说的是母后皇太后。"

小玉儿："不是你那心心念念的圣母皇太后？你话也不说清楚。我怎么知道你问的是谁呢？"

摄政王多尔衮："不是我话说得不清楚，是你自己太糊涂。"

小玉儿："明明有两宫太后，可在你心里却只有一个。"

摄政王多尔衮："你说什么？"

小玉儿："亏你还记得回来的路。我当你把慈宁宫当作摄政王府了。"

摄政王多尔衮："我不懂。为什么好好的日子你不过，一定要找我的麻烦呢？"

小玉儿："你说，我好好的日子不过？三个人的夫妻生活？我过的叫好好的日子吗？偏偏那一个人，我是看不见也摸不着。因为，因为她就活在你的心里！"

太后下嫁

在历史上，摄政王多尔衮跟他的结发妻子的关系如何呢？

摄政王多尔衮跟他的妻子关系非常好！两个人之间根本就没有吃醋这个概念。

你想多尔衮这个人，在1641年松锦大战前后身体受到重伤，再也没有了有后代的可能。所以在多尔衮的心中，实际上虽然说是对女人不留恋，但是他觉得对不起自己的结发妻子、原配夫人。所以摄政王多尔衮会反过来对自己的结发妻子、原配夫人非常好——体贴入微。

所以我们说，在电视连续剧《孝庄秘史》中，关于小玉儿七闹八闹的事情完全是虚构的——可能就是为了增加一点儿戏剧性吧。

问题又出现了，在电视连续剧《孝庄秘史》中，小玉儿因为苦等了多尔衮十年，都无法得到摄政王多尔衮的爱，最后小玉儿伤心之余上吊自杀。而在历史上，摄政王多尔衮的这个原配夫人是怎么死的呢？

当然是正常病死的。而且，摄政王多尔衮的这个原配夫人病死之后，摄政王多尔衮私自将其上谥号为“敬孝忠恭正宫元妃”——由此可见，摄政王多尔衮与其原配夫人的关系要好的程度了。

那么电视连续剧《孝庄秘史》的剧情正常发展下去，孝庄皇太后和摄政王多尔衮，一个是寡妇，一个鳏夫。他们两个人是不是该顺理成章地走到一起了呢？本书讲到这儿呢，排在清宫四大疑案之首的“太后下嫁”疑案才真正进入正题。

说起孝庄皇太后和摄政王多尔衮感情的发展，电视连续剧《孝庄秘史》中有个很有意思的情节：

摄政王多尔衮：“我无妻无子，你可知道每夜独对孤灯的滋味吗？”

孝庄皇太后：“我从十几岁开始，就想嫁给你。”

摄政王多尔衮：“命运该补偿我们了。”

孝庄皇太后：“但是皇帝自己的母亲和叔父，你要他这个当儿子的，做皇帝的，如何面对天下人的眼光？管管我们自己吧。”

这段对话之后不久，两个人再次相遇。于是又有了下面的一段对话：

摄政王多尔衮：“怎么突然想起要打扮成民妇？”

孝庄皇太后：“圣母皇太后急病驾崩，旨令王公大臣于慈宁宫吊孝举哀。这是唯一的法子啊。我们出关去，过着自由自在快活的日子。多尔衮，我愿意牺牲荣华富贵，只为跟你在一起。怎么？你不愿意吗？”

摄政王多尔衮：“这不一定是唯一的途径啊！”

孝庄皇太后：“如果是二十年前，你根本就不需要选择！你会头也不回，跟我到天涯海角！除了我，你还爱上了权势、地位！”

摄政王多尔衮：“玉儿，你总是对的。”

然后，当孝庄皇太后又遇到自己的丫鬟苏茉儿的时候，又有了孝庄皇太后下面的一段话：

是我设下了这个让他两难的局面。期待的就是他的一丝犹豫。好让我用这丝犹豫，打消他（结婚）的念头。可是，当他真的犹豫了，没想到，我却如此心痛，如此心碎。

问题在于，在电视连续剧《孝庄秘史》中，孝庄皇太后和摄政王多尔衮两个人之间感情的发展，看来是走上偷情的道路了。而在真正的历史上，他们之间的关系又是如何呢？

我们也不知道！

为什么呢？

因为历史学家们也在争论着，下面的三种说法中哪种更加正确呢？

第一种，孝庄皇太后嫁给了摄政王多尔衮；

第二种，孝庄皇太后没有嫁给摄政王多尔衮，也没有与摄政王多尔衮偷情；

第三种，孝庄皇太后与摄政王多尔衮是情人（或者说得难听一点儿就叫偷情）的关系。

我在本书中只能告诉您我的想法了。

我认为，孝庄皇太后嫁给了摄政王多尔衮！我的证据如下：

太后下嫁的第一个证据——保全皇位的政治婚姻。

前面我们介绍过，孝庄皇太后，姓博尔济吉特氏，是蒙古族人，12 岁时嫁给比她大 21 岁的皇太极。皇太极死后，31 岁的庄妃 5 岁的儿子福临继承了大清皇位。

一个是三十出头的寡妇，一个是只知玩耍的顽童，怎样才能撑起战火纷飞中的大清江山？在当时，顺治皇帝虽名为皇帝，但执掌朝中军政大权的实际是摄政王多尔衮。

这个摄政王多尔衮，是清太祖努尔哈赤的第十四子，与皇太极是同父异母兄弟，按辈分是顺治皇帝的叔叔。

因此，人们普遍认为，孝庄皇太后为了保住自己的儿子顺治小皇帝的天子宝座，而迫不得已委身于摄政王多尔衮。至于是孝庄皇太后的主动情愿，还是摄政王多尔衮的威胁逼迫？具体是哪年哪月开始结秦晋之好的？双方只是同居，还是举行过正式的婚庆大典？这些问题都是次要的。因为作为政治婚姻，主人所在乎的不是其形式。

认为太后下嫁的人指出，太后下嫁之事，不能说是由于孝庄皇太后的“惭德”，而是她在当时历史条件下不得已而采取的一项特殊措施，是巩固皇权的一种政治手段。后来的岁月表明，太后下嫁之举稳住了权倾朝野的多尔衮，稳固了幼年顺治皇帝的皇位，稳定了刚刚入关还在开拓中的大清江山。

针对前面的证据一（保全皇位的政治婚姻），就是说顺治皇帝的母亲为了保持顺治的皇位被迫下嫁这一观点，反对者认为，这个理由不成立！

他们认为，要考证说顺治皇帝的母亲不是为了保持顺治的皇位被迫下嫁这一观点，还要从1643年皇太极去世之后激烈的皇位争夺战谈起！

他们认为，孝庄皇太后是清初统治者中的一位很有见识的政治家，皇太极去世之后，她对各方面的情况，已经有了一些基本了解，因而在涉及清朝前途命运的关键时刻，也为了母子俩和蒙古贵族的利益，必然会在姑母孝端文皇后的支持下，为自己的儿子福临即位展开活动。也就是说，他们认为，在激烈的皇位争夺战中，孝庄皇太后并不是一个碌碌无为者。

他们认为，孝庄皇太后并不仅仅依靠本身的地位和所代表的蒙古贵族的势力，决定性的因素还在于她争取到了具有很强实力的两黄旗的核心人物的支持。

经过皇太极在位17年的苦心经营，两黄旗实力大增，在满洲八旗中具有举足轻重之势！表面上看来，无论肃亲王豪格还是福临即位，两黄旗都可以保持在满洲八旗中的特殊地位。其实，肃亲王豪格当政后显然会将他所掌握的正蓝旗置于两黄旗之上，甚至还会仿效皇太极改旗的做法，将正蓝旗改为正黄旗或镶黄旗，从而有损于两黄旗的利益。

因此，在拥立福临的问题上，孝庄皇太后与两黄旗主要大臣的利益是一致的！最初，两黄旗大臣在拥立肃亲王豪格的同时，曾经又附加了必须以福临为太子的先决条件，就是孝庄皇太后向他们提出拥立福临以解决皇位争端的建议，对他们产生了一定程度的影响的结果。

而此后孝庄皇太后通过进一步的活动，终于在八月十四日会议前夕，说服了两黄旗主要大臣，使他们完全倒向自己一方，从而形成一支压倒肃亲王豪格，挫败睿亲王多尔衮称帝野心的力量，使局势发生急转直下的变化。

在此期间，两黄旗大臣在皇位继承问题上明确提出自己的看法（也代表了孝端、孝庄两皇后的意见），与睿亲王多尔衮集团和肃亲王豪格集团相抗衡，态度强硬，最后取得了胜利。

此时的两黄旗已发展到可以维护皇权的程度！皇太极去世后，四个亲王中除去睿亲王多尔衮外，肃亲王豪格作为皇太极的长子，要求继承皇位，礼亲王代善和郑亲王济尔哈朗也不约而同地主张“立帝之子”，都体现了满清统治集团中的皇位应父子相承，皇权须不断加强的这一人心所向的历史趋势。

孝庄皇太后与两黄旗主要大臣的密切合作，则进一步增加了皇室的声势。这一切终于挫败了睿亲王多尔衮的称帝计划，使福临得以继承皇位。所以孝庄皇太后母子在当时已经具有相当坚强的后盾，并非任人摆布、欺凌的孤儿寡母。因此，这个时候的孝庄皇太后，如果需要拉拢别人的话，这个别人，也应该是两黄旗大臣，而不应该是摄政王多尔衮！

事情果然是这样的吗？反对者们的考证都有道理吗？

针对前面的证据一（保全皇位的政治婚姻），在双方的你来我往中，我认为，双方的论证过程基本上是各说各话，其中反对者的批判没有击中对方的要害，赞同者们的考证稍胜一筹！

我为什么会这么说呢？

前面，我在介绍认为孝庄皇太后已经嫁给了摄政王多尔衮的第一种说法的时候，我的论证过程是从福临当上皇帝、睿亲王多尔衮当上摄政王以后开始的。

皇太极去世以后，在争夺皇位继承权的战斗中，5岁的福临当上了皇帝，年号顺治；而睿亲王多尔衮虽然没有当上皇帝，但是他成功地击败了肃亲王豪格，当上了摄政王！

不仅如此，此后的摄政王多尔衮在清军入主中原的战争中屡建战功，入关后手握重兵，成为朝中说一不二的人物，甚至连皇帝的大印“玉玺”也搬到摄政王府内使用，以代统天下，顺治小皇帝随时有被废掉的危险！

我们的考证是从这里开始的。顺治小皇帝的母亲孝庄皇太后怎么办？孝庄皇太后如何去做才能稳住权倾朝野的摄政王多尔衮，稳固自己年幼的儿子福临的皇位？我们说，在这种无可奈何的情况下，孝庄皇太后选择了下嫁摄政王多尔衮。

而反对者似乎完全没有理解人家的意思，非得要从皇太极去世前后开始考证，认为此时的两黄旗已发展到可以维护皇权的程度；两黄旗大臣在皇位继承问题上与孝庄皇太后集团密切合作，与睿亲王多尔衮集团和肃亲王豪格集团相抗衡，最后取得了胜利；认为这个时候的孝庄皇太后，如果需要拉拢别人的话，这个别人，也应该是拉拢两黄旗大臣，而不应该是拉拢摄政王多尔衮。

对于反对者的考证，我实在是不敢恭维！

我觉得，说“孝庄皇太后应该拉拢两黄旗大臣”的人应该是对于历史知识掌握得不够扎实！

拉拢两黄旗大臣，能解决问题吗？我在前面已经介绍过，这个时候的摄政王多尔衮，已经顺利分化瓦解了两黄旗大臣。在他的软硬兼施之下，当初发誓扶保肃亲王豪格的八个人（索尼、鳌拜、图赖、图尔格、拜音图、何洛会、谭泰、冷僧机）半数先后叛变。拉拢什么两黄旗大臣呀？怎么拉拢呀？我感到有些费解。

太后下嫁的第二个证据——摄政王多尔衮的“皇父”称谓。

持下嫁说的人特别强调，在顺治年间摄政王多尔衮公开以皇帝的父亲自居，称号就叫“皇父摄政王”，而只有顺治皇帝的母亲孝庄皇太后下嫁了摄政王多尔衮，摄政王多尔衮才有可能被称为“皇父”。

当然，摄政王多尔衮的称谓变化是有一个过程的。《清史稿·卷二一八·诸王四·多尔衮传》载：1644年，摄政王多尔衮还称“叔父摄政王”；1645年，摄政王多尔衮改称为“皇叔父摄政王”；到了1648年，顺治皇帝诏曰：“叔父摄政王治安天下，有大勋劳，宜加殊礼，以崇功德，尊为皇父摄政王。凡诏疏皆书之。”

人们认为，摄政王多尔衮称谓变化的过程，恰恰反映了孝庄皇太后与摄政王多尔衮的婚姻由特别隐秘到逐渐公开的过程，反映了天下臣民对皇室这桩特殊婚姻由毫无所知到日渐认可的过程。

摄政王多尔衮曾称“皇父摄政王”，这已是史学专家一致公认的事实。打开清宫档案，当时的清政府公文中已是这样直接称呼，如中国第一历史档案馆保存的顺治朝刑部题本，其汉文批红即有“皇父摄政王”字样。

而且，当时大清王朝的藩属朝鲜王国政府也已经注意到了这一情况，在1649年的《李朝实录》中，特地记载：

> 上曰：“清国咨文中，有‘皇父’摄政王之语，此何举措？”金自点曰：“臣问于来使，则答曰：今则去叔字，朝贺之事，与皇帝一体云。”上曰：“然则二帝矣。”

朝鲜，一个藩属政权的国王，都发现此举与“二帝”无异。大清王朝难道就真的荒唐到这种程度不成？当然不是。此时的清朝政府正极力地在全国范围内推崇儒教，广纳天下饱学之士。肯定不要改做这种令世界当作笑柄的糊涂事，但“皇父”一词确已明诏天下，一朝二帝，已经是事实。

1651年年初，在39岁的皇父摄政王多尔衮病死不久，顺治皇帝清算他的种种罪行，平坟鞭尸，砍掉了已经死去的皇父摄政王多尔衮的脑袋，在当时公布的罪状中，“自称皇父摄政王”就是最重要的一条。

值得一提的是，在1651年历数摄政王多尔衮罪状的诏书中，还有一条大罪是“亲到皇宫内院”。很明显，这是斥责他一度淫乱后宫，人们认为当与孝庄皇太后有关。

针对前面的证据二（摄政王多尔衮的“皇父”称谓），反对者认为，蒋良骐所著的《东华录》所记“皇父”，是清朝君主对某个臣下的尊称，或是清世祖封摄政王多尔衮为“皇叔父”后以其定鼎功勋显著，无可晋爵，乃以“皇父”为封。“皇父”之于皇帝仍为臣下。而满族旧俗有直呼尊者为父之例，摄政王多尔衮前封“皇叔父摄政王”满文直译为“大汗（皇帝）的叔父父王”，因此这并不表明摄政王多尔衮为顺治皇帝的皇父。

反对者进一步考证说，摄政王多尔衮的称号是一步步被抬高的。顺治元年（1644年）冬，即顺治皇帝被迎入北京再次举行登基大典后，摄政王多尔衮因功被封为“叔父摄政王”，共同辅政的郑亲王济尔哈朗被封为“辅政叔王”，自然低了一格。顺治二年（1645年）夏，有个御史名字叫作赵开心的上疏，称摄政王多尔衮以皇叔之亲而兼摄政王之尊，仪制宜定，“称号必须正名”，他说原来的“叔父摄政王”不妥，“夫叔父，为皇上叔父，惟皇上得而称之。若臣庶皆呼，则尊卑无异矣”，建议正名为“皇叔父摄政王”，经礼部等议定批准。到了顺治五年（1648年）冬，顺治皇帝又以南郊礼成，颁布恩诏大赦天下，第一条即称“叔父摄政王治安天下，有大勋劳，宜增加殊礼，以崇功德”。经部院大臣集体讨论，摄政王多尔衮的称号定为“皇父摄政王”。自此，直到摄政王多尔衮病逝，清政府的公文中都是这样称呼摄政王多尔衮的，现存清代档案可为确证，而且据朝鲜《李朝实录》记载，顺治六年（1649 年）春，朝鲜政府接到的清朝咨文中已称“皇父摄政王”。从时间上看，这一称号的确定，比传闻的太后下嫁的时间早了一年多，因为摄政王多尔衮的妻子是顺治六年十二月（1649年年初）去世的，传说中的太后下嫁是在顺治七年（1650 年）年初。

显然，“皇父摄政王”之称号实为崇显表彰其功德，沿用古代国君尊称臣下“尚父”（周武王称姜子牙）、“仲父”（齐桓公称管仲）、“相父”（蜀汉后主刘禅称诸葛亮）之遗意而已，绝非摄政王多尔衮真的做了顺治小皇帝的继父。

他们认为，不能只允许你们汉人君主对某个臣下尊称为“尚父”“仲父”“相父”，而不允许人家满洲人君主对某个臣下尊称为“皇父”！

他们进而论述说，大家知道光绪称慈禧太后为皇阿玛，皇阿玛是爸爸的意思，那慈禧就变性了？所以这个也不算为证据。

针对前面的证据二（摄政王多尔衮的“皇父”称谓）的考证，我认为，反对者们的考证基本上毫无道理！赞同者们的考证稍胜一筹！我为什么这么说呢？

前面，我们提到过，反对者们认为“皇父”一词，是清朝君主对某个臣下的尊称，或是顺治皇帝封摄政王多尔衮为“皇叔父”后以其定鼎功勋显著，无可晋爵，乃以“皇父”为封！

前面还提到过，反对者们认为，在摄政王多尔衮因功被封为“叔父摄政王”以后的 1645 年，御史赵开心，我们这里注意这个叫作赵开心的御史是个汉族人！他上疏说原来的“叔父摄政王”一词不妥，“夫叔父，为皇上叔父，惟皇上得而称之。若臣庶皆呼，则尊卑无异矣”，建议正名为“皇叔父摄政王”。后来呢，他的这个建议经礼部等议定批准。

由此我们是否应该可以有一个基本的推断：既然由“叔父摄政王”改称为“皇叔父摄政王”是由礼部等按照汉族人几千年来传统的儒家的伦理

道德议定批准的，那么，由“皇叔父摄政王”改称为“皇父摄政王”也应该是由礼部等按照汉族人几千年来传统的儒家的伦理道德议定批准的。对吧？

问题就出现了，在我们人所共知的汉语言文字里面，如果我告诉您，有个人的称谓叫作“皇父”，您会怎么理解？

注意，您可千万别跟我打岔，我看过的“皇父摄政王”的文字是用汉语言文字书写的“皇父摄政王”。我是一个很平凡很平凡的汉人！您可千万别跟我说“皇父摄政王”这句话在满语里面是什么意思！

诸位注意，这里的“我”不是真的我，而是指当时的任意一个汉族人。

在当时的汉族人的心目中，他们会说，您还别跟我说什么汉族人的古代国君尊称臣下为“尚父”“仲父”“相父”等事例。提醒您要注意的是，在汉语言文字里面，我们经常见到“尚父”“仲父”“相父”“伯父”“二爸”“三爸”“二妈”“三妈”等称呼，就是从来没有听说过“皇父”这个词的意思，除了等同于皇帝的父亲之外，还有另外一种解释——居然可以代指皇帝的叔父！

太后下嫁的第三个证据——张煌言的“太后婚”诗证。

持太后下嫁说的人认为，1649年，摄政王多尔衮的王妃病死，孝庄皇太后与摄政王多尔衮随即举行了正式的婚庆大典。于是，孝庄皇太后下嫁作为天下最大的绯闻，在当时迅速传播开来。关于这点，张煌言的诗就是直接证据。

张煌言，生于1620年。1645年，清军占领南京后，他与钱肃乐等起兵抗清，奉鲁王朱以海监国，据守浙东山区和沿海一带，官至兵部尚书。后鲁王政权覆灭，他又派人与荆襄十三家农民军联络共同抗清。至1664年，他见大势已去，遂解散余部，隐居浙江南田县的一个岛上。不久他被

皇父摄政王

纪连海语录

人们认为，摄政王多尔衮称谓变化的过程，恰恰反映了孝庄皇太后与摄政王多尔衮的婚姻由特别隐秘到逐渐公开的过程，反映了天下臣民对皇室这桩特殊婚姻由毫无所知到日渐认可的过程。

一个旧部出卖，遭清军逮捕，押解往杭州，因拒绝投降，被杀。

张煌言关于太后下嫁的诗的名称叫作《建夷宫词》。建，指建州，实际上是指满洲；夷，古代对于少数民族的污蔑性称谓。

《建夷宫词》一共有十首。为了全面了解，现将《建夷宫词》十首都摘录下来：

第一首：

平明供奉入彤闱，亦舞霓裳唱羽衣，千乘骖骅知狩猎，挥鞭驰道拥明妃。[注解：骖（cān），古代称驾在车前两侧的马；骅（huá），古代称赤色的马。]

第二首：

毳殿春寒乳酪香，侍臣偏得赐新尝，老珰不识驼酥味，犹道天厨旧蔗浆。[注解：毳（cuì）鸟的细毛；珰（dāng），原来指武职宦官帽子上的装饰，后来借指宦官。]

第三首：

盘龙小袖称身裁，马上离弓抱月开，太液池边金鞅解，疑从紫蹇射雕来。[注解：鞅（yāng），古代称用马拉车时套在马脖子上的皮子；蹇（jiǎn），古代称跑不快的劣马，也指驴。]

第四首：

弓鞋椎髻缀天魔，胡女宫装新样多，醉捧官家还笑问，燕支山色近如何？[注解：椎（zhuī），古代指高等动物背部中央的脊椎骨；髻（jì），梳在头顶或者脑后的发结；缀（zhuì），装饰；燕支山，古代匈奴族人的地盘，其地大致在今天甘肃省河西走廊北部的山脉，盛产化妆品，后来被汉朝占领，匈奴族人从此就没有了化妆品的产地，就没有办法化妆了。]

第五首：

朝罢瞿昙次第迎，内庭深处说无生，不知鹦鹉能胡语，偷向金笼诵佛名。[注解：瞿昙（qú tán），释迦牟尼的姓。亦作佛的代称。]

第六首：

十部梨园进上方，穹庐天子亦登场，缠头岂惜千金赏？学得吴歈进一觞。[注解：歈（yú），歌；觞（shāng），古代喝酒的一种器物。]

第七首：

上寿称为合卺尊，慈宁宫里烂盈门，春官昨进新仪注，大礼恭逢太后婚。[注解：卺（jǐn），瓢，古代结婚时用作酒器；合卺，古代夫妇结婚时候的一种仪式；慈宁宫，孝庄皇太后住的地方。]

第八首：

掖庭又说册阏氏，妙选孀闺足母仪，椒寝梦回云雨散，错将虾子作龙儿。[注解：阏氏（yān zhī），匈奴族人对于其首领的妻子的称呼；孀，古代对于寡妇的称呼；"错将虾子作龙儿"一句，原来指的是多尔衮无子，以弟多铎之子为嗣。满文称侍卫为"虾"。多铎当时的职位有"领侍卫内大臣"一职。看来"虾子"指的是多尔衮的义子多尔博。也就是说，顺治子随母嫁，自为"龙儿"，不必以多铎的"虾子"为子。]

第九首：

六曹章奏委如云，特敕写书翻译闻，笑杀钟王多妙楷，而今鸟迹是同文。[注解：六曹，六部]

第十首：

玉几凭来顾命新，负扆闻道有家臣，从今赌却钻刀咒，不信华人信满人。[注解：扆（yǐ），古代指屏风。]

这十首宫词，从衣饰（弓鞑椎髻缀天魔）、住处（毳殿）、食物（驼酥）、坐骑（紫塞）、信仰（朝罢瞿昙次第迎）、娱乐（穹庐天子亦登场）、文字（而今鸟迹是同文）、习惯（赌却钻刀咒）直到习俗，都在被贬损之列，并处处以一种明显的优越感，将这些拿来与中原汉族相比较。其中第

七、第八两首，特别是第七首（上寿称为合卺尊），被认为是太后下嫁的明证——因为这是当时人写当时事。

在张煌言的这首诗中，又是“合卺尊”，又是“太后婚”，百官庆贺，喜盈宫门，太后的寿酒变成了婚宴的喜酒。这首诗简直就像一幅太后下嫁的写真图。

因为张煌言是与孝庄皇太后同时代的人，而作为南明王朝抗清力量的杰出人物的张煌言，应该在清朝最高统治者身边安插有间谍——而事实上，这个时候安插间谍是非常容易的，大清王朝哪能知道主动归顺你的前明官员到底是真心还是假意？也就是说，此时，作为南明王朝抗清力量的杰出人物的张煌言，应该对于清朝最高统治者的一举一动都很清楚！并且，对于清朝最高统治者内部的所谓丑恶现象——实际上是汉族上层统治者看不惯的现象——竭尽全力加以挖苦讽刺之能事，这才符合他们当时的想法。

因此，人们普遍认为，张煌言的诗影响很大，被视为太后下嫁说的直接证据。

张煌言写“太后”，朝鲜文《李朝实录》则记“太上”。与“太上”相对的，当然是“太后”。这又从旁印证了太后下嫁的事实。

针对前面的证据三（张煌言的“太后婚”诗证），反对者认为，张煌言确实写了《建夷宫词》，而且这是在上面讲的这些材料里面唯一直接说到太后下嫁的，但是张煌言的《建夷宫词》却不能被奉为信史。

反对者们对《建夷宫词》做了非常详细的分析。他们说，标题叫《建夷宫词》，建指建州，标题中没有用后金，也没有用清，“夷”就是夷狄的“夷”，明显地带有一种民族的偏见。

反对者们认为，这个时候，张煌言在江南，南明势力和清朝是对立的，所以出在异地之口，记在异国，当时因为他算南明，记载异国之文，不能成为历史的证据，而且是诗词，诗词也不能直接作为历史的证据，因为诗可以夸张，可以比附。

反对者们认为，张煌言本为抗清名将，后来兵败被俘，誓不降清，惨遭杀害，他的许多诗文都是表明反清复明志向的。或许，顺治七年（1650年）正月，摄政王多尔衮娶了其侄媳妇——肃亲王豪格之妻，这个肃亲王豪格的妻子也姓博尔济吉特氏，与孝庄皇太后同姓，而且是孝庄皇太后的堂姐妹，故此被江湖上以讹传讹，张煌言听说后，就信手写入诗中，甚至有意加以歪曲，借以讥讽贬斥清宫没有伦理道德，也未可知。

针对前面的证据三（张煌言的“太后婚”诗证）的考证，我认为，反对者们的考证略显不足！

在这中间，反对者们认为，张煌言作为南明抗清力量的代表人物，出在异地之口，记载异国之文，不能成为历史的证据，而且诗词也不能直接作为历史的证据！

我认为，反对者们如此论证，实在是太牵强了！

第一，我不能认同诗词不能直接作为历史的证据这一观点！实际上，在历史上，大量的诗词歌赋都如实地反映了历史的真实性。我们不能因为诗词歌赋可以——注意是可以——运用夸张、比附的手法，就把诗词歌赋一概认为是运用了夸张、比附的手法，从而去怀疑一切诗词歌赋的真实性，就因此而贸然地去怀疑张煌言的《建夷宫词》的真实性，这是典型的犯了以偏概全的错误！

事实上，要想否定张煌言的《建夷宫词》第七、第八两首词的真实性，需要做大量的工作——必须否定《建夷宫词》十首诗词中的其他八首的真实性才可以。而事实上，《建夷宫词》中的其他八首，虽然充满了对于满洲人的看不起的话语，但是冷静客观地说，这其他八首诗词，还是比较真实的。

第二，我们完全不能认同因为张煌言的《建夷宫词》是出在异地之口、记载异国之文就不能成为历史的证据这一说法。如果这样的话，那我真的不知道能够成为历史的证据的内容还能剩下什么？

太后下嫁的第四个证据——风水墙的诉说。

按清朝早期丧葬制度，皇后无论死在皇帝之前，还是死于皇帝之后，都要与皇帝合葬，同陵同穴。可是，孝庄太皇太后竟葬在了遵化的清东陵风水墙外，而未与清太宗皇太极合葬于沈阳的昭陵。持太后下嫁说者认为，这是孝庄太皇太后因改嫁而无脸到阴间见皇太极的刻意安排。

关于孝庄太皇太后的丧葬，曾有这样一则传说：75岁的孝庄太皇太后死后，按祖制要运到关外昭陵入葬。当装有孝庄太皇太后遗体的棺材途径东陵地段时，突然沉重异常，128名杠夫被压得眼冒金星，寸步难行，只好就地停放。当夜，康熙皇帝梦见祖母孝庄太皇太后，孝庄太皇太后说："我决不与太宗合葬。如今梓宫停放之地，就是上吉佳壤，可即地建陵安葬，切记吾言，休得违误。"于是，孝庄太皇太后便被安葬在东陵了。这当然是野史传说，不可相信。

确切的史料中有这样的记载。根据《清史稿·卷二一四·后妃列传·孝庄文皇后传》记载，孝庄太皇太后生前曾叮嘱康熙皇帝："太宗奉安久，不可为我轻动。况我心恋汝父子，当于孝陵附近地安厝，我心始无憾。"孝庄太皇太后嘱咐康熙皇帝，日后将她安葬在清东陵即可。

这段话的意思是说："太宗文皇帝梓宫，安放在那里已很长时间了，不可因为我而去打扰太宗皇帝的安息。我迷恋你父皇和你，不忍远去，所以在附近选一块地安葬就行了。这样，我也没什么遗憾的了。"

人们认为，太后下嫁之事，虽出于政治目的，但是随着汉化的加深，不论是孝庄太皇太后本人，还是她的孙子康熙皇帝，均难免有慊于心。这应当是康熙皇帝未将祖母与祖父合葬的一个重要原因，也正是孝庄太皇太后最终留下遗嘱死后不再走近皇太极的根本原因。

至于孝庄太皇太后在遗嘱中说的，之所以不入葬皇太极的昭陵，是因为昭陵已封多年，不忍再惊扰皇太极，这实在是托词。因为就在1649年夏，皇太极的孝端文皇后死去，第二年仍是葬入昭陵。同样是皇太极的后妃，别人死后能合葬，孝庄太皇太后有什么不能的？说穿了，孝庄太皇太后心有苦衷，难以明言。对祖母孝庄太皇太后的心思，康熙皇帝心有灵犀，自然心知肚明。但康熙皇帝又感到，将祖母单独安葬实在没有这样的先例，是件很棘手的事，于是他把这一难题留给了儿子雍正皇帝，将孝庄太皇太后的棺材在东陵的地面上一直停放了37年之久，直到雍正三年（1725年）才为孝庄太皇太后建陵安葬。

还需说明的是，长眠在清东陵的5个皇帝、14个皇后、136个妃嫔，都葬在风水墙内，而只有孝庄太皇太后葬在风水墙外。这又是为什么？有人说，太后下嫁对爱新觉罗皇家来说是一件丢尽脸面的丑事，所以把她葬在陵区大门之外，罚她永远为子孙后代看守陵门。这当然是野史上的解释。据专家研究考证，风水墙内是清东陵陵区，形成一个独立的体系；而风水墙外，孝庄太皇太后的陵名叫昭西陵，名义上还与沈阳皇太极的昭陵是一个体系。一道风水墙，分开两个陵区，这也是别具匠心了！

针对前面的证据四（风水墙的诉说），反对者们认为，孝庄太皇太后在入关后的44年当中，先后保护、培育了福临、玄烨两个幼龄皇帝，使他们分别度过多尔衮和鳌拜专权的险恶时期，逐步成长，相继接管政权，母子、祖孙的感情自然相当深厚！

在这种情况下，孝庄太皇太后认为皇太极已经故去很多年了，如果重新把他的坟启开的话，就惊动了亡灵，她很长时间和她儿子顺治、孙子康熙皇帝生活在一起，这样她最后和他儿子、孙子墓葬在一起，所以她的这一遗愿是可以理解的！

所以孝庄太皇太后的陵墓放在清东陵，并不能证明她下嫁给了摄政王多尔衮。

可是康熙皇帝对此却深感为难，因为归葬昭陵合乎常礼，而在东陵安葬又是祖母遗愿，不忍违背，于是在犹豫不决中拖延了35年之久，直到去世时也没有作出最后决定。直到雍正三年，康熙皇帝的儿子雍正皇帝才将孝庄太皇太后就地安葬，称为昭西陵。

孝庄太皇太后如果确曾下嫁给了摄政王多尔衮，康熙皇帝也就不会将她的这一遗言公之于众，而是迅速将她的遗体归葬昭陵，以免引起人们更多的猜测和议论。康熙皇帝在太后归葬问题上的迟疑不决，可以作为并无太后下嫁之事的旁证。

针对前面的证据四（风水墙的诉说）的考证，我认为，反对者们的考证实际上连自己也不能说服，就更甭提说服别人了。

大清朝，三个陵圈子，就放不下一个孝庄太皇太后的坟头？

人死之后37年不能入土为安，怎么解释都说不通！

在中国历史上，哪个太皇太后会这样给自己的孙子出难题呀？除了孝庄太皇太后之外，还有谁呀？

我认为，在这个问题的考证上面，还是赞同者们略胜一筹！

因此，我的结论：太后下嫁，证据确凿！不过这就引发了下面的诸多问题：

为什么太后下嫁成为众多疑案之首？

其实这太后下嫁也好，没有下嫁也好，本来是一件很平凡的事情，为什么会引起大家的非议呢？

回答起来则稍微麻烦一点儿。“清初四大疑案”的出现背景其实很复杂！

大清王朝毕竟是一个少数民族建立的政权，在当时那样的时代，还很不能为广大汉族人民尤其是汉族知识分子所接受。于是这些汉族知识分子就不断鼓动广大汉族人民反抗。但是，当这些反抗全都失败之后，这些汉族知识分子又会怎么样呢？

我们在这里暂且不去分析反抗全都失败的原因，只去想这样一个在当时来说很现实的问题：这些汉族知识分子们会甘心失败吗？如果不甘心的话，他们还能采取什么办法呢？他们能够采取的办法只能是利用他们最后的武器——也是唯一的武器——汉族人民的语言文字！

我们知道，语言文字是一种很厉害的武器，它是可以杀人的！如何利用好语言文字武器呢？语言文字武器的功能很多，清朝初年的汉族知识分子主要利用了以下两种功能：

第一种：利用语言文字武器中的放大功能，夸大人家的缺点和失误，见缝插针，以逞自己的栽赃陷害之能事。既然我用武力没有办法推翻你，我就用我的手、笔和嘴去千方百计地羞辱你、笑话你。其结果，便出现了“清初四大疑案”中的一些“疑案”：“太后下嫁”“顺治出家”“雍正即位”等。

第二种：利用语言文字武器中的自嘲功能。没完没了地自嘲，也被鲁迅称为“阿Q精神”！在这里，汉族知识分子的“阿Q精神”集中表现为“清初四大疑案”中的“雍正暴亡”和“乾隆出身”。你看，“雍正暴亡”——我已经杀掉了你们的老皇帝！“乾隆出身”——新的皇帝是汉族人！我们的报仇已经完全成功了！既然新的皇帝已经是汉族人了，我们还报什么仇啊？

嫁给小叔子

其实，一个寡妇在自己的男人死后，嫁给了自己的小叔子的这种现象，我们历史上称之为转房婚。转房婚并不是一种只有中国的少数民族尤其是满族人才有的特殊现象，转房婚也是汉民族及其前身华夏族普遍具有的现象，这里面的故事就多了去了！

根据专家考证，汉民族及其前身华夏族的转房婚传统早在中国的传说时代就已经开始流行了。这里面也有着很多的故事。

第一个故事：舜的故事。

舜没有发达时，在家帮老爹瞽叟干活儿，老爹不喜欢他，只喜欢小儿子象。老爹与象合谋害舜，再三下手。但天佑善人，总不如意。一次，老爹与象骗舜下井，老爹与象两人遂在上面落井下石，用土填满，以为舜必死无疑。象公开说：这下可好了，两个嫂嫂就归我所有了。这个故事我们可以参见《孟子·卷九·万章章句上·二嫂使治朕栖》。

汉民族及其前身华夏族不但有转房婚的传统，还很流行二女共侍一夫这一现象。

第二个故事：娥皇女英的故事。

在介绍这个故事之前，我们首先介绍一个词汇：媵。

媵制是指一个女子出嫁，须陪送同姓子侄和奴仆随嫁。媵制的起源很早，它是原始社会的族外婚向对偶婚演变中的一种过渡形式，即“与其长期结婚的男性有权把她的达到一定年龄的姊妹也娶为妻”。尧嫁二女于舜就是媵制，“妻之以皇，媵之以英”。这里的皇指娥皇，英指女英。娥皇和女英都是尧的女儿，都同时嫁给了舜！

春秋时期，各国统治者实行媵制。如《诗经·豳风·七月》中的“女心伤悲，殆及公子同归”，也是说的媵婚。这里的“归”是“出嫁”的意思。根据清人王先谦、姚际恒的解释，这里的“公子”为豳公的女儿。诗的大意是，少女们在采桑时忽然心里悲伤起来，恐怕被女公子带去陪嫁。

进入战国，因为社会制度发生巨大变化，媵制随之没落。后世有妻

死，由妻妹续弦的婚俗，就是媵制的遗孑。

媵妾婚的产生与转房婚一样，有如下许多原因：

第一，是母系制的彻底崩溃与男权的伸张。男子以女子为私有财产，既然是私有财产，当然多多益善。

第二，部落战争和奴隶使用的结果。私有制引起了比过去广泛、剧烈得多的掠夺战争，而经历战争总有大量的妇女、小孩成为奴隶，被胜利者任意占有。

第三，统治阶级的纵欲，以女子为玩物，同时以蹂躏女子多作为其权势的象征。

第四，子嗣观念的影响，多妻则多子，多子则多福。

自从周代的宗法家族组织确立之后，子嗣观念更加浓厚。周代这种子嗣观念的发展，使多妻制度更加确定。

正是因为子嗣观念的发展，导致了转房婚和媵妾婚长期以来一直流行在汉民族及其前身华夏族中间。

由上我们可以看出，嫂子在自己的男人去世后嫁给小叔子，是汉族普遍具有的现象。

但是，为什么在孝庄皇太后与摄政王多尔衮关系的问题上，会引起人们极大的关注呢？史学界也围绕着这个问题展开激烈的争论呢？

这是因为后来的汉族知识分子逐渐地认识到，转房婚是一种不文明的婚姻。在他们的努力下，汉族政权也开始从法律上禁止这种不文明的转房婚。

什么时候汉族人开始觉得转房婚是不文明的现象呢？

到了宋朝的时候，政府开始规定严禁转房婚。为什么宋朝政府会有这种想法呢？原因有以下两个：

第一，总结唐朝灭亡的教训：中国历代王朝在建立之初，都会认真总结前一个朝代灭亡的教训。当然，这种总结有些时候是正确的，有些时候则是错误的。正确的诸如唐朝建立之初总结的大兴土木是隋朝灭亡的原因之类，错误的诸如北宋建立之初总结的男女关系方面的自由化倾向是唐朝灭亡的原因之类。

唐朝的统治者在男女关系方面也的确有些自由化倾向。公主不喜欢原来的驸马了，给父亲打个报告，就可以换个新的；更有甚者，父亲抢儿媳（唐明皇与杨贵妃），儿子娶小妈——父亲的小妾（唐高宗娶武则天），在唐朝都是极为正常的现象。

上述情况，不但让宋朝的统治者们很看不起，而且宋朝的统治者们还认为这是唐朝灭亡的根本原因。这个原因用他们的话讲，就叫“唐女祸”。朱熹认为，唐人如此作为，“源流出于夷狄”！

第二，宋朝理学家们的努力：理学家认为，转房婚大大违反了理学的三纲五常原则，从血缘关系上讲，至少是一种乱伦。

也就是说，从宋朝开始，汉民族的统治者们开始认为转房婚是一种陋习，并且由政府规定严禁转房婚；从南宋朱熹开始，汉民族的知识分子开始认为转房婚这种“陋习”是少数民族所特有的现象。

宋明以后，民间流行长兄如父、长嫂如母的伦理观念。如包拯，大义灭亲，把侄儿铡掉后，他给嫂嫂养老送终了。明朝时，国家通过行政手段禁止民间转房婚。

自此，转房婚在汉族的知识分子中间逐渐销声匿迹。

但是，私下里，这种转房婚的现象仍然长期在汉民族的下层人民中间蔓延。而且在中国的不同地区还有不同的叫法，比如，在陕西、湖南、四川、湖北西部地区叫作“转房”；在湖北东南地区叫作“就婚”“续婚”“挽亲”；在湖北北部地区叫作“伦婚”；在山西地区叫作“接交”；在四川地区也叫作“嫂就叔”或者“叔接嫂”；在浙江金华地区叫作“插花婚”；在浙江临海地区叫作“接面”；在浙江南部地区叫作“续亲”；在福建中部地区叫作“接节”；在广西、江西叫作“转婚”“转书”；在江西南部地区叫作“升房”；等等。

什么时候满清政权开始觉得转房婚是不文明的现象呢？

满清入关之前，长期以来一直认为这种转房婚是合理合法的现象，也一直流行这种转房婚。但是，满清入关以后，随着他们对于汉民族先进文化的汲取，他们也逐渐接受了转房婚是一种不文明的婚姻，是一种乱伦行为的结论。因此，在清朝政府制定刑法的时候，比汉民族的宋明政权还要严格。他们干脆采用重刑的办法来禁止这种现象的出现：收父祖妾及叔伯母者，斩；收兄嫂与弟媳者，绞！

不过，上述规定都是在满清入关以后很长时间的事了。而在满清刚刚入关不久顺治皇帝即位之初，满清政权还没有接受这种观念。那个时候，他们仍然认为转房婚是合理合法的现象。在他们之间，仍然流行这种收兄嫂与弟媳的现象。

但是问题在于，后来的满清政权在逐渐接受了汉民族知识分子关于转房婚是一种不文明的婚姻、是一种乱伦行为的结论的时候，他们发现了这样一个问题：如何解释自己的祖先经常性地收兄嫂与弟媳的现象呢？

办法只有一个，隐瞒历史。也就是想方设法也要把这些自己祖先经常性地收兄嫂与弟媳的现象加以隐瞒。

于是，就有了我们今天的话题：孝庄皇太后到底是否下嫁给了摄政王多尔衮？

说到孝庄皇太后下嫁给摄政王多尔衮，自然就有一个问题：他们之间有真正的感情吗？

史学界无法考证孝庄皇太后与多尔衮的感情纠葛。

说到孝庄皇太后与摄政王多尔衮的感情纠葛，通过现有的正史史料，已无从考证。为什么呢？没有材料啊！那，材料呢？

肯定是被毁了呗！可是为什么要毁掉这些材料呢？原因有以下两个方面：

第一，因为孝庄皇太后与摄政王多尔衮的感情后来又发生了变化。

我们说，由于孝庄皇太后与摄政王多尔衮日益接近，这必然会引起一系列的问题——诸如谁来照顾小皇帝福临等。您想想，当时的福临才几岁，他是很需要母亲的照顾的。但是，正需要母亲照顾的福临却得不到母亲更好的照顾，所以，他就把这一切怪罪给自己的母亲和自己的叔叔。也就是说，顺治小皇帝与自己母亲孝庄皇太后的关系逐渐疏远了。

这就迫使孝庄皇太后必须在自己的亲儿子福临和自己的第二任丈夫、福临的叔叔摄政王多尔衮之间做出选择。而这不能不影响到孝庄皇太后与摄政王多尔衮的感情——逐渐地，在他们之间，不利于维持这段婚姻的因素逐渐增加！

最终还是发生了摄政王多尔衮去世以后，顺治皇帝断然下令将多尔衮“削爵、撤庙享、罢谥号、黜宗室、籍财产入宫”这一悲剧性结果的发生。

悲剧发生了。孝庄皇太后就必须快刀斩乱麻，隐瞒自己前面所付出的感情。

第二，因为后来的清朝皇帝逐渐接受了中国传统的道德习俗！

前面介绍过，由于满洲人入主中原以后不但逐渐接受了中国传统的道德习俗，逐渐接受了寡妇下嫁给自己的小叔子是件丑恶的事情，而且还在法律上明文规定：收父祖妾及叔伯母者，斩；收兄嫂与弟媳者，绞！

材料是在什么时候被毁的呢？根据清朝大兴文字狱的史实，我们可以作出如下的基本判断：在康乾盛世前后，这些史料就已经被损毁完毕了。

但是，具体说来，这些材料是什么时候被损毁的呢？

正史上没有记载，不过，野史上倒是有相关的分析。他们认为，这种

事情出自乾隆皇帝时期，而且就是出自乾隆皇帝命令纪晓岚修纂《四库全书》之际。

野史上说，主管修史的纪晓岚见到了相关的记录后，惊异道："这种事怎么可以传示后人，以彰其丑？" 立刻请示乾隆皇帝，将有关内容全部删削。此后，便很少有人知道这件事了。

也就是说，从乾隆年间以后，关于孝庄皇太后下嫁给摄政王多尔衮一事的材料，就都找不到了。这个"太后下嫁"从此就真的成为疑案了。

有的读者说了，那么依您的意思，这个孝庄皇太后与摄政王多尔衮的感情纠葛，就考察不出来了？

这可不见得，只要我们下点儿功夫，关于他们之间的感情纠葛，您还别说，我们还是能够找出一些蛛丝马迹的。

摄政王多尔衮求婚与孝庄皇太后下嫁盛况。

因为关于孝庄皇太后下嫁摄政王多尔衮的记载都出自野史，这些野史还不能完全让人相信。所以，我在这里就只能简单介绍一下。

据野史记载，皇太极去世后，福临登基，多尔衮称摄政王。摄政王多尔衮率大军杀进山海关、占领北京后，迎请顺治皇帝移驾京师即皇帝位。

摄政王多尔衮看准了时机，与大学士范文程密议定计，授意亲信在朝廷中倡言，意思是："摄政王功高望重，又谦抑自持如此，让位之德，亘古少有。我皇上虽想要报答，可这么大的恩德如何能够报答得了呢？正好，摄政王是皇上的叔父，今日让位的事，就跟皇父传位其子的意思一样。摄政王既然像对待太子一样对待皇上，皇上也应当像对待皇父一样对待摄政王，以此作为报答，诸位觉得如何？"

众人都附从此议。范文程于是出面提议说："近日闻说摄政王妃新亡，而我皇太后又多年寡居无偶。皇上既视摄政王如父，自然不可使父母异居两处。宜请摄政王与皇太后同宫而居。"

前面我们讲到了野史上记载的摄政王多尔衮巧妙求婚的情况。现在我们再来看看众位大臣的想法。

您想啊，在中国人的心中，宁拆千座庙，不破一门婚。面对这样一段大好姻缘，谁还敢说出个不字呀！所以，他们也顾不得宋明以来中国传统的思维习惯了，纷纷随声附和。史官也大书特书曰："皇太后下嫁摄政王。群臣上贺表。"

相传婚礼之盛，为从来大婚所未有。京师除一二自命清流者外，多播为佳话，同瞻盛典。当时又有恩诏宣示天下，也系汉人手笔，其略曰：

> 太后盛年寡居，春花秋月，悄然不怡。朕贵为天子，以天下养，乃独能养口体而不能养志，使圣母以丧偶之故，日在愁烦抑郁之中，其何以教天下之孝？皇叔摄政王，现方鳏居，周室懿亲，元勋贵胄，其身份容貌，皆为国中第一人，太后颇愿纡尊下嫁。朕体慈怀，敬谨遵行。一应典礼，着所司预办。

问题在于，孝庄皇太后下嫁给摄政王多尔衮是一回事儿，如果两个人要生出孩子来，那可就不得了了——那就会直接威胁到孝庄皇太后与他的前夫清太宗皇太极所生的儿子顺治皇帝的江山了。难道孝庄皇太后不怕这些问题出现吗？

孝庄皇太后还真的不怕。因为这个时候的孝庄皇太后早就知道了下面的史实：摄政王多尔衮因为自己身体的原因不会再生养孩子了——现在的他只能把他的弟弟豫亲王多铎的第五子多尔博过继了过来权充作自己的孩子了——他的弟弟豫亲王多铎有八个儿子呢。

也正是因为如此，孝庄皇太后作为一个女人，她知道，她与摄政王多尔衮的接触是很安全的。再怎么接触也不会产生那种让她突然怀孕，没办

法向全国人民交代的现象。

因此，正如我前面曾经说过的，实际上，这个时候的摄政王多尔衮与孝庄皇太后两个人之间，应该早就有更加密切的接触了。

不过，天下没有不透风的墙。这两个人毕竟一个是英雄，一个是美人，他们之间出现点儿色彩，当时的人们还是很容易接受的。所以，才有了前面所讲到的摄政王多尔衮与大学士范文程的密议定计；所以，才有了众位大臣的附从此议；所以，才有了他们之间的这场婚礼。

不过，虽然孝庄皇太后下嫁给了摄政王多尔衮，但可惜的是，这个摄政王多尔衮却无福消受——因为，他很快就死了！

多尔衮之死

说到摄政王多尔衮的死，我们前面曾经介绍过，自从1640年松锦大战以后，睿亲王多尔衮身体状况一直欠佳。而入关之后，摄政王多尔衮“机务日繁，疲于裁应，头昏目胀，体中时复不快”。

1649年秋天，摄政王多尔衮患病。据说是膝盖受了伤之后，摄政王多尔衮用了不该使用的石膏敷治，结果反而使病情愈加恶化(《北游录》)。为了调治疾病，也为了改善心情，十一月中旬，摄政王多尔衮率领诸王贝勒及大批八旗官兵到塞外打猎行乐。塞北寒冷的气候和行猎时过度的劳累，更使摄政王多尔衮的病情越来越重。

摄政王多尔衮越来越思念包括顺治小皇帝在内的远在北京的亲人——虽然顺治小皇帝一点儿也不思念他。摄政王多尔衮开始流露出对于顺治小皇帝不来看望他的怨言。摄政王多尔衮说：“顷予罹此莫大之忧，体复不快，上虽人主，念此大故，亦宜循家人之礼，一为临幸。”话刚刚出口，摄政王多尔衮立即就后悔了！此时此刻的摄政王多尔衮知道，他还是要全力以赴地维护顺治小皇帝的名声的。因此，摄政王多尔衮立即告诉身边的人不得将他的怨言报告给顺治小皇帝。

当然，最终的结果是，顺治小皇帝还是来了。这使摄政王多尔衮一时手足无措，十分恼怒，严厉谴责了手下人。

1650年正月，13岁的顺治小皇帝即将亲政。

就在这一时刻，摄政王多尔衮率领两白旗离开北京，移驻本旗田土所在地的永平府（今河北省秦皇岛市卢龙县），也就是说，放松了对清朝政治中心北京和顺治小皇帝的控制。

四大矛盾

顺治七年十二月初九（1650年12月31日）戌时，一代枭雄摄政王多尔衮病死在边外喀喇城，时年39岁。

1651年1月8日（十二月十七日），摄政王多尔衮的灵车运回京城。顺治皇帝与诸王大臣身着丧服到东直门五里以外迎候。从东直门到玉河桥，凡是灵车经过的地方，都有跪着哭丧的官员。公主福晋以下的命妇，则身着丧服聚集在摄政王府的大门内跪哭。当灵车到达东直门外之时，顺治皇帝亲自执玉爵为灵车敬酒，奠祭摄政王多尔衮。当天夜里，满朝文武又都受命到摄政王府中去守灵。接着，清朝政府又以皇帝的葬礼礼节安葬了摄政王多尔衮。

1651年1月16日（十二月二十五日），顺治皇帝追尊多尔衮为"懋德修道广业定功安民立政诚敬义皇帝"，其元妃为"义皇后"，并把他们的牌位供在太庙。

一切似乎都在证明着：生前的摄政王、死后的"义皇帝"多尔衮可以安息了！

但是，很快，一切都变了！

先是，摄政王多尔衮死后，在他摄政时期用强权压制下去的各种矛盾一下子暴露出来。这些矛盾主要表现为以下四个方面：

第一是顺治皇帝本人与摄政王多尔衮的矛盾；第二是摄政王多尔衮所执行的错误政策引起的满汉民族矛盾；第三是以郑亲王济尔哈朗为首的一批在多尔衮摄政时期受压的诸王与摄政王多尔衮的矛盾；第四是深受摄政王多尔衮信任与重用的大臣内部的矛盾。

因此，在这个时候，以郑亲王济尔哈朗为首的一批在多尔衮摄政时期受压的诸王——他们在摄政王多尔衮活着的时候不敢对摄政王多尔衮下手——自然就会利用顺治皇帝本人与摄政王多尔衮的矛盾来全力以赴地打击已经死去了的多尔衮！

问题在于顺治皇帝与摄政王多尔衮的矛盾是怎么样产生的呢？

话还要从头说起。

其实，摄政王多尔衮在对待顺治小皇帝的问题上还是很聪明的！很明显，摄政王多尔衮吸取了明朝张居正教育万历小皇帝失败的教训，在对待顺治小皇帝的问题上，采取了以下两个方面的措施：

第一，规定从孝庄皇太后开始，严格执行后宫不得干政的制度；

第二，在顺治小皇帝的教育问题上，采取顺其自然的方法。

摄政王多尔衮心中的“顺其自然”是指：

其一，在学习满汉两种语言文字的问题上，由于摄政王多尔衮一直在思考下面的问题：是优先让顺治小皇帝重点学习满人的骑射传统呢，还是优先让他学习汉人的先进文化呢？摄政王多尔衮不能做出抉择，这可怎么办呢？摄政王多尔衮有办法，他在入关前给顺治小皇帝选择了三汉两满五位师父进行启蒙教育；入关后又专门安排汉官对顺治小皇帝进行讲课。结果，由于摄政王多尔衮不懂现代教育教学理论，导致顺治小皇帝的满语和骑射的基本功非常扎实，而汉语言文字则稍差，因为他错过了学习另外一种语言文字的最佳时期。

当然，关于这个问题，历史上也有一些与我的结论完全相反的说法。根据我的考证，这些说法都不那么可信。因为，这些史料都是顺治小皇帝长大成人后一厢情愿的说法。

其二，在治国方针问题上，摄政王多尔衮要求顺治小皇帝随他临朝听政——也就是在不知不觉中、边玩边学中自然而然地学会驾驭百官的手段和处理国家大事的方法。

其三，在处理君臣关系和长幼关系上，摄政王多尔衮从来没有把顺治看成是皇帝，他只是认为顺治小皇帝是自己的亲侄子，而自己又没有儿子，所以摄政王多尔衮对顺治是以长辈的身份进行善意的规劝、管教和约束。

而这对顺治小皇帝来说，他当然是受不了。您想啊，他的身边有汉文师父啊，他的汉文师父一定会告诉他说，他才是一国之尊，摄政王多尔衮虽然贵为叔父，但也是臣子，应该完全听命于他。

逐渐地，在顺治小皇帝和摄政王多尔衮之间，矛盾产生了。这个矛盾有什么表现呢？那，可是太多了！中国不是有句俗语，欲加之罪，何患无辞嘛！

这里我们仅举一例加以说明。那时的人最为害怕的疾病是什么？天花！话说有一次天花流行，摄政王多尔衮带着顺治小皇帝匆匆去边外避痘！但后来顺治皇帝亲政后认为摄政王多尔衮为皇帝配备的侍从不足百人，所经过的地方流寇猖獗，对皇帝的安全草率行事。您想一想，真是欲加之罪，何患无辞！

处心积虑的郑亲王

矛盾既然产生，它被别人利用，那只是时间的问题了。

因此，在摄政王多尔衮去世以后，以郑亲王济尔哈朗为首的一批在摄政期受压的诸王就充分利用顺治皇帝要亲掌大权的迫切心情，开始了一连串的活动：他们首先命大学士刚林等到摄政王府收回了象征权力的印符、赏功册，接着就开始削减多尔衮家族的军事实力。

摄政时期，多尔衮将清王朝的主要军事力量交给了自己的亲信、同母兄弟英亲王阿济格与豫亲王多铎。他们是摄政王多尔衮推行其政策的重要军事支柱。当时豫亲王多铎已先于摄政王多尔衮一年病死，对郑亲王济尔哈朗等人威胁最大的，就只有英亲王阿济格。

英亲王阿济格是一个妄自尊大的莽夫，多尔衮摄政时期，他自恃有战功，曾向摄政王多尔衮提出封自己为“叔王”的要求，但被拒绝。摄政王多尔衮死后，英亲王阿济格又想扩充自己的势力与诸王抗衡。他企图吞并正白旗，结果遭到正白旗多尔衮旧部的反对。

英亲王阿济格与正白旗多尔衮旧部之间的矛盾，被寻找机会铲除英亲王阿济格的郑亲王济尔哈朗等人看在眼里。于是他们联名上疏，告英亲王阿济格对摄政王不敬，轻而易举地将英亲王阿济格定了罪，剥夺了英亲王阿济格手中的军权，将英亲王阿济格逮捕、削爵、幽禁、抄家，并将其诸子皆黜除宗室，赏给仇家为奴。

1651年2月1日（顺治八年正月十二日），爱新觉罗·福临正式亲政。于是多尔衮原来的亲信一看形势有所变化，有些就投到了郑亲王济尔哈朗的门下。此时，原摄政王多尔衮与豫亲王多铎分别统辖的正白旗与镶白旗已成无头大雁，英亲王阿济格又成了阶下囚，郑亲王济尔哈朗等人认为时机已成熟，便于顺治八年二月上疏，指控前摄政王多尔衮“显有悖逆之

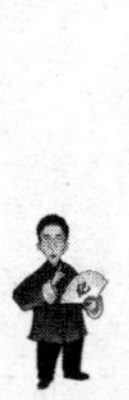

心。臣等从前俱畏威吞声，不敢出言。是以此等情形未曾入告。今谨冒死奏闻，伏愿皇上速加干断”。(《清实录》)

在郑亲王济尔哈朗等人的奏折中，为前摄政王多尔衮拟了下述主要罪名：

第一，顺治皇帝即位时，由睿亲王多尔衮与郑亲王济尔哈朗联合摄政。但睿亲王多尔衮“背誓肆行，妄自尊大”，剥夺了郑亲王济尔哈朗摄政的权力，反立自己的同母兄弟豫亲王多铎为“辅政叔王”。

第二，摄政王多尔衮所用仪仗、音乐、侍从，与皇帝无异，所盖王府形同皇宫，并私用皇帝御用八补黄袍、大东珠数珠及黑貂褂等殉葬。

第三，摄政王多尔衮散布皇太极称帝是违背太祖本意而系夺位的流言。

第四，摄政王多尔衮逼死肃亲王豪格，迎纳豪格之妃。

这个时候的顺治皇帝简直是太高兴了！他报复多尔衮的时机终于到来了！

于是，顺治皇帝不顾一个月前曾亲自为多尔衮追封过“义皇帝”的尊称，断然下令将多尔衮“削爵、撤庙享、罢谥号、黜宗室、籍财产入宫”。瞬息间，专权多年的赫赫功臣多尔衮，死后尚不到两个月就成了千古罪人！

正白旗大臣苏克萨哈等见势头不对，也纷纷倒戈告发多尔衮曾“谋篡大位”。而那些没有倒戈的亲信先后被处死或被贬革。多尔衮多年培植的势力顷刻瓦解。

问题在于，在处置多尔衮的前前后后，孝庄皇太后到底是怎么想的呢？

其实，应该说，这个时候的孝庄皇太后，她所想的是比顺治皇帝、比以郑亲王济尔哈朗为首的一批在多尔衮摄政时期受压的诸王想的都多得多。

这个时候的孝庄皇太后知道，他们孤儿寡母的，面临的困难太多了。摄政王多尔衮生前就已经激化的下述四对矛盾——顺治皇帝与摄政王多尔衮的矛盾、满汉民族矛盾、多尔衮摄政时期受压的诸王与摄政王多尔衮的矛盾、深受摄政王多尔衮信任与重用的大臣内部的矛盾——不但没有随着摄政王多尔衮的去世而有所缓解，反而有愈演愈烈的态势：

第一，顺治皇帝与摄政王多尔衮的矛盾开始演化为顺治皇帝与文武百官的矛盾；

第二，多尔衮摄政时期受压的诸王与摄政王多尔衮的矛盾开始演化为已经翻了身的诸王内部的矛盾；

第三，深受摄政王多尔衮信任与重用的大臣内部的矛盾则随着这些人纷纷投靠已经翻了身的诸王而加深了已经翻了身的诸王内部的矛盾；

第四，满汉民族矛盾则在这种十分动荡的形势下愈加严重：就在这个时候，下列三大抗清力量：官僚地主知识分子、各地农民起义军、南明军队打起了联合抗清的旗帜，已经占有了云南、贵州、湖南、广西、四川、江西、广东七个全省和福建的金、厦地区。

也就是说，随着摄政王多尔衮的去世，大清王朝的统治出现了全面危机！

在这种情况下，顺治皇帝与孝庄皇太后这孤儿寡母应该如何去做，才能缓解大清王朝统治的全面危机呢？顺治皇帝与孝庄皇太后是否也会产生矛盾呢？

第四章 一统江山

满蒙

随着摄政王多尔衮的去世，13 岁的顺治皇帝终于开始正式亲政。顺治皇帝亲政之后，诸多完全不同于多尔衮摄政时期的新政策纷纷出台。

新政出台

第一，顺治皇帝立即宣布接手镶黄、正黄两旗的直接管辖权，并立即恢复了被多尔衮多次沉重打击的两黄旗贵族们的地位，同时对长期以来一直对摄政王多尔衮持不满态度的两红旗大臣满达海、瓦克达、杰书、罗可铎等人全部提升职位。与此同时，顺治皇帝还把原来多尔衮手下实力最雄厚的正白旗收归到了自己的旗下。

至此，顺治皇帝终于直接控制了满洲八旗中的三个旗，可谓是大权在握。不仅如此，顺治皇帝还更进一步，谕令两黄旗和正白旗合称上三旗，直接为自己亲辖，而诸王、贝勒掌控的正红、镶白、镶红、正蓝、镶蓝五旗，称为下五旗，并改由皇帝任命旗主。皇帝直接控制上三旗，顺治皇帝立下的这一规矩一直坚持到大清王朝灭亡。

八旗制度的重新确立，无论在体制上还是在实力上，都无法再像关外那样，与朝廷相抗衡了。而最关键的还是，少年皇帝福临的这一改制，为皇权的进一步加强，提供了军事上的绝对保障。

第二，为进一步笼络人心，集中皇权，顺治皇帝一面对八旗大臣普施皇恩，大加赏赐；一面又竭力栽培扶植擢升忠于满清皇室的大臣。

比如，顺治皇帝亲政后，立即召回被贬到盛京戍守昭陵（顺治皇帝的父亲皇太极和孝端文皇后博尔济吉特氏的陵墓）的索尼回京，不仅恢复了索尼以前的世职，累进世袭一等伯，还提拔索尼为内大臣（清代仅次于领侍卫内大臣的侍卫亲军统领，负责协助领侍卫内大臣），兼议政大臣、总管内务府，索尼从此成为顺治皇帝手下的首席满洲大臣。

又如，顺治皇帝还晋封多次遭到摄政王多尔衮打击，并屡遭贬职的原摄政王济尔哈朗为和硕郑亲王。

第三，顺治皇帝还扩大了议政王大臣会议的成员数目和权限。

早在努尔哈赤时，就实行了八和硕贝勒共议制度。皇太极即位后，又增设八大臣与三大贝勒等偕坐共议政事制度，不久又设立了专任议政大臣，由此便形成了大清王朝皇帝之下的最高议政机构——议政王大臣会议。

顺治初年，由于摄政王多尔衮大权独揽，议政王大臣会议被明显架空，其权力也明显下降。顺治皇帝亲政后，便开始对议政王大臣会议制度进行大刀阔斧的改革：一是增加议政王大臣会议的参会人员；二是扩大议政王大臣会议的职权和影响。顺治八年（1651 年）冬，顺治皇帝先后多次下谕，将对自己忠心耿耿的鳌拜、瓦克达、巴图鲁詹、布丹、杜尔玛等人授予议政大臣，并且取消了多尔衮设置的理事三王，开始委任诸王管理六部事务。

客观地说，13 岁的顺治皇帝亲政伊始，能够立即出台上述这一系列行之有效的施政举措，迅速地把皇权牢牢地掌握在自己的手中，一举结束了自皇太极逝世以来、长达数年之久的皇室内斗，在清朝入关之初、百废待兴的关键时期，实现了政治稳定，上下一心，对满清很快一统天下产生了至关重要的深远影响。而这对于年轻的顺治皇帝来说，尤属难能可贵。

第二位摄政王上场

问题在于：当时的顺治皇帝毕竟是一个 13 岁的孩子。在当时矛盾重重、局势错综复杂的情况下，顺治皇帝这个 13 岁的孩子真的能够有如此的本领，将多尔衮摄政时期积下的弊病很快化解吗？

答案当然是否定的。不管怎么说，作为一个孩子，不管他是顺治皇帝也好，抑或是平民百姓也罢，喜欢玩儿，都是孩子的天性使然。任何过度神化孩子的故事，无论是古代的也好，抑或是现代的也罢，都是值得包括读者您在内的每个人认真推敲的。无论如何，学习工作也好，临朝理政也罢，都不是任何一个家庭里的孩子所喜欢的。故而，对于年仅 13 岁的顺治皇帝来说，他虽然不喜欢擅权理政的摄政王多尔衮架空自己，但也绝不喜欢朝中无论大小的任何事情都要亲力亲为。利用手中的特权，到处行猎，才是 13 岁的顺治皇帝应该做的。

问题又来了：顺治皇帝亲政后的这一系列有的放矢的措施的推行，那肯定是有个顺治皇帝非常信得过的高人在其背后为其出谋划策和具体实施的，而这个顺治皇帝信得过的高人，又会是谁呢？

是孝庄皇太后？是内大臣索尼？还是和硕郑亲王济尔哈朗呢？

答案当然是和硕郑亲王——这位曾经长期受到同为摄政王的睿亲王多尔衮的打压，但却矢志不渝地忠于大清皇室的镶蓝旗旗主济尔哈朗。

正是因为长期受到打压，和硕郑亲王济尔哈朗才能清楚地看到睿亲王多尔衮摄政时期的诸多弊端。所以，摄政王多尔衮一死，和硕郑亲王济尔哈朗便率先偕同巽亲王满达海、端亲王博洛、敬亲王尼堪联合，搜集了摄政王多尔衮的诸多罪证，并上奏削去多尔衮的一切爵位和荣誉。

和硕郑亲王济尔哈朗之所以如此作为，严格来说，并非完全出于报复。正所谓“一朝天子一朝臣”，只要多尔衮的势力还在朝中存在，顺治皇帝就没有办法实现真正意义上的亲政，大清皇室就没有办法推行更有效的施政纲领，以巩固大清王朝几百年的基业。换句话说，直到顺治皇帝实现了真正意义上的亲政，和硕郑亲王济尔哈朗这位曾经的摄政王也才实现了真正意义上的“摄政”，帮助顺治皇帝实实在在地推行了一系列的新举措，进一步加强了大清王朝统治的巩固。

所以，晚年的和硕郑亲王济尔哈朗与他的政敌多尔衮一样，已经成为顺治皇帝一人之下，满朝文武大臣万人之上的朝中唯一重臣而备极荣光的时候，识大体、顾大局、知进退的和硕郑亲王济尔哈朗并没有像他的政敌多尔衮一样，大权独揽、专权擅政。当然，如此的一个和硕郑亲王济尔哈朗，也就没有跟他的政敌多尔衮一样，能够被后来的史学家们大书特书、被后来的好事者们极力关注了——因为，此时的和硕郑亲王济尔哈朗，可以优哉游哉地安享晚年、享受他的天伦之乐了。

当然，和硕郑亲王济尔哈朗对顺治皇帝的辅佐，顺治皇帝也是心知肚明的。所以，到顺治十二年（1655 年）夏，和硕郑亲王济尔哈朗病重，顺治皇帝探视他时，曾经流泪问道：“叔王还有遗言吗？”此时的和硕郑亲王济尔哈朗老泪纵横地答道：“臣受三朝厚恩，未能仰报，不胜悲痛。只希望早日取云贵，灭桂王，统一四海。”顺治皇帝听了更加悲痛，便仰面大呼：

“苍天啊！为什么不让朕的叔父长寿呢？”呼罢，顺治皇帝又是大哭，许久才离去。

心忧天下百姓，挂念天下苍生。这才是和硕郑亲王济尔哈朗与睿亲王多尔衮的不同之处。

当然，对于和硕郑亲王济尔哈朗与睿亲王多尔衮两位曾经的大清王朝顺治皇帝在位时期的摄政王而言，对未来的期许不同，对未来的追求不同，对未来的梦想不同，那么未来的真正结果，也就完全不同。没有所谓的成功，也没有所谓的失败。有的，只是你曾经做过了；有的，只是你曾经经历了，如此而已。

顺治十二年五月初八（1655 年 6 月 11 日），和硕郑亲王济尔哈朗病逝，葬于北京市海淀区西直门外白石桥。悲痛不已的顺治皇帝诏令休朝 7 天——前后存在了 296 年的大清王朝，仅有和硕郑亲王济尔哈朗享此殊荣。顺治皇帝并赠祭葬银万两，置守陵园十户，并为他立碑记功。

孝庄选儿媳

说完了郑亲王济尔哈朗的故事，再来了解一下顺治皇帝与他的母亲孝庄皇太后之间的关系。

清军入关后，7 岁的顺治皇帝住进紫禁城皇宫，遂与孝庄皇太后分宫而居，母子数月方得一见。当时，清宫内仍有不少明朝留下的内侍。他们照料皇帝的生活起居，在朝夕相伴中，给予这位幼年皇帝初步的汉文化启蒙教育。据顺治皇帝长大后回忆，明崇祯朝司礼太监曹化淳曾辅导他读书。这位内侍是今天津市武清区人，顺治皇帝时常模仿他讲话时的口音。

顺治皇帝亲政时，汉文水平不高，“阅诸臣章奏，茫然不解”。于是发奋苦读，以四书五经等汉文典籍为主，涉猎广泛，曾因劳累过度而咚血。随着了解的逐步深入，顺治皇帝对汉文化愈益喜爱，“专厌胡俗，慕效华制”。据明末清初著名史学家谈迁（1594 ~ 1657 年）的《北游录》记载：“上尝服翼善冠、衮袍。临镜问诸阉，各称善，上亦称善。又改满帽。临镜讫，即手掷满饰于地。居常广袖皂靴，从汉制焉。”

在顺治皇帝时期的大清后宫，存在着一个以孝庄皇太后居首，由两代蒙古族后妃构成的特权利益群体。清朝入关时，清太宗皇太极崇德五宫的后妃，除去早逝的宸妃，其他四位均健在。

顺治六年（1649 年），顺治皇帝的嫡母孝端文皇后哲哲病逝。顺治亲政之后，又尊封皇太极第十一子博穆博果尔的生母、原西麟趾宫贵妃为懿靖大贵妃，原东衍庆宫淑妃为康惠淑妃，二人分别坐于孝庄皇太后宝座旁椅；两人的顶珠服饰，可以用皇帝、皇太后、皇后专用的黄色或秋香色，直至顺治十年（1653 年），这一“特权”方被取消。

懿靖大贵妃是漠南蒙古阿霸垓部额齐格诺颜之女，康惠淑妃是阿霸垓部博第塞楚祜尔塔布囊之女。在嫁与皇太极之前，她俩曾是察哈尔部林丹汗之妻。顺治年间，除去孝庄和懿靖大贵妃、康惠淑妃外，清太宗的妻妾中还有其他人在世，但只有她俩得到尊封，在后宫的地位仅次于孝庄皇太后。

清朝入关时，孝庄皇太后 32 岁，懿靖大贵妃和康惠淑妃与其年龄相仿。因自幼在蒙古草原长大，又在盛京皇宫生活多年，她们迁居京城后，依然留恋满洲旧制，同早已融入其血脉的满蒙习俗难舍难分。

对于相对陌生的汉文化，孝庄皇太后等老一辈满蒙贵族本能地心存疑忌，怀有一定抵触心理。据说孝庄皇太后“甚厌汉语；或有儿辈习汉俗者，则以为汉俗盛而胡运衰，辄加禁抑”。

孝庄皇太后期望顺治皇帝能够像他的父亲皇太极那样，仍以科尔沁部蒙古贵族后妃为主要妻妾。孝庄皇太后这样做的目的，既是从巩固满蒙贵族联盟的统治需要出发，也是为了维系她的家族与清帝的血缘纽带，保证嗣帝继续具有科尔沁部蒙古贵族血统。孝庄皇太后的这一意图，得到了两位太妃的赞同和支持。顺治皇帝即位不久，孝庄皇太后就册立了自己的侄女、科尔沁部蒙古贝勒吴克善的女儿博尔济吉特氏为皇后；顺治皇帝亲政当年，双方就大礼成婚，吴克善的女儿博尔济吉特氏正中宫之位。

自古以来，帝王的婚姻总是带有明显的政治色彩，人的喜好与感情则是次要的。而顺治皇帝恰恰缺乏这种胸怀，他更多以自己的好恶来对待这种关系。顺治皇帝大婚后，由原崇德五宫部分成员构成的蒙古族后妃群体，又增加了子媳辈新成员。皇后博尔济吉特氏聪明、漂亮，但喜欢奢侈，而且爱嫉妒。本来，作为一个贵族出身的女子，这些并不是什么大毛病，但顺治皇帝却不能容忍，坚决要求废后另立。这个未成年的皇帝性格十分执拗，尽管大臣们屡次谏阻，顺治皇帝仍然坚持己见，毫不退让。顺治十年（1653 年）八月，孝庄皇太后见儿子实在没有回转余地，被迫同意皇后降为静妃，改居侧宫。为了消除这一举动可能带来的消极政治影响，仅仅八个月后，孝庄皇太后又将她的侄孙女、多罗贝勒绰尔济之女立为第二位皇后。孝庄皇太后还为儿子精心挑选了 4 位蒙古族妃子。这 6 位蒙古族后妃均姓博尔济吉特氏，其中有 4 人是孝庄皇太后的娘家戚属：除去第一位、第二位皇后，还有第二位皇后之妹淑惠妃以及满珠习礼之女、孝庄皇太后的侄女悼妃。她们与顺治皇帝均为姑表亲。另外两位蒙古族妻妾：一位来自漠南蒙古浩齐特部，康熙十二年（1673 年）尊封恭靖妃，其父博罗特，元太祖二十一世孙，崇德二年（1637 年）归附清朝，顺治七年（1650 年）晋封多罗郡王；另一位来自漠南蒙古阿霸垓部，康熙十二年（1673 年）尊封端顺妃，其父是一等台吉布达西。

可以看出，孝庄皇太后为顺治皇帝选择后妃之时，首选的两位是兄弟或侄子之女；次选的归附清朝较早，同为博尔济吉特氏的漠南蒙古王公之女。依照孝庄皇太后的设想，顺治皇帝的科尔沁部蒙古贵族后妃绝非仅此6人。但顺治皇帝却对这种做法大为反感。顺治皇帝对第二位皇后这位蒙古包里出来的漂亮姑娘同样不感兴趣。

顺治皇帝有二分之一的蒙古族血统，却极力疏远、排斥孝庄皇太后为其选中的蒙古族后妃。他废黜第一位皇后，又欲废黜第二位皇后，以董鄂妃取而代之，为孝庄皇太后所制止。他共有14个子女，但6位蒙古族后妃备受冷落，无一人生育。顺治十四年（1657年）十月，董鄂氏生子，排行第四子。顺治皇帝称其为“朕第一子”，特颁诏天下。顺治皇帝试图打破已保持十余年，以孝庄皇太后为首的两代蒙古族后妃一统后宫之格局，这就势必加重孝庄皇太后和顺治皇帝母子之间的矛盾。

独宠董鄂氏

顺治十四年、十五年之交，顺治皇帝下令废除了元旦亲诣堂子行礼的满洲旧制；命将包括太庙牌匾在内的所有坛庙门上匾额，停书蒙古字，只书满字和汉字；拟对来朝蒙古王公减少赏赐。顺治皇帝的这些举措，对满蒙关系产生了重大影响，也使孝庄皇太后等老一辈满蒙贵族的自尊心受到了严重伤害。与此同时，也为皇贵妃董鄂氏同以蒙古族后妃为中坚的后宫成员相处进一步制造了障碍。

董鄂氏被接入宫中之后，顺治皇帝认为董鄂氏有德有才，正是理想的皇后人选，因此准备二次废后。假如顺治皇帝再度废后，改立董鄂氏，蒙古女人失去中宫主子之位，势必影响满蒙关系，倾动大清帝国的立国之基，孝庄皇太后毫不犹豫地对儿子的举动进行了抑制。结果，母子间出现隔阂，顺治皇帝甚至公然下令抠去太庙匾额上的蒙古文字，而那位生活在感情荒漠中的蒙古皇后，对于安排自己命运的同族婆婆并无丝毫感激，相反把不幸和怨恨统统归集到孝庄皇太后身上，连孝庄皇太后病倒，也不去问候一声。对于这一切，孝庄皇太后都忍受了。

这种微妙紧张的母子婆媳关系维持了五六年，幸而她有多年的政治经验和坚毅的性格，大清帝国的基业才不致因后宫的倾动而发生动摇。孝庄皇太后这种苦心，顺治皇帝与皇后恐怕都不理解，倒是通达人情的董鄂氏能够体谅孝庄皇太后的苦衷，董鄂氏主动周旋于皇后与皇帝之间，缓和调解双方矛盾，有时起到孝庄皇太后所难以达到的作用。但是，董鄂氏的这种委曲求全的做法，仍难以改变自己在后宫的尴尬处境，更无法缓和顺治皇帝与孝庄皇太后的利益之争。

顺治十四年（1657 年）十月，董鄂氏产下一子，四个月后不幸夭折，丧子的悲伤使她郁郁成疾，宫廷矛盾的精神重负使她原来有病的身体更加虚损羸弱。顺治十七年（1660 年）八月，董鄂氏病故。顺治皇帝遭此打击，精神颓废，恹恹无生趣，一度竟有出家之念。顺治十八年（1661 年）正月，顺治皇帝因天花病逝。临终前，顺治皇帝同意孝庄皇太后等人的主张，以年仅 8 岁的第三子玄烨为继承人，是为康熙皇帝。

顺治皇帝死后，清廷公布的遗诏历数其 14 条重大失误，如“纪纲法度，用人行政，不能仰法太祖、太宗谟烈”“渐习汉俗，于淳朴旧制日有更张”等。顺治皇帝去世前，因天花高烧不退，精神恍惚。这些自责之辞不可能是他本人所言，而是体现出孝庄皇太后等人对他的评价。

一位死去的皇帝受到如此评价，而且主要出自其生母之意，此亦为中国历代封建王朝所罕见。

中原

顺治皇帝亲政以后，在对于中原汉人的统治政策问题上，与睿亲王多尔衮摄政时期相比，可谓是大同小异。具体而言，顺治皇帝下大力气主抓了以下三个方面的工作：

第一，继续追剿南明、大顺、大西政权残部；

第二，在继续实行开科取士制度以笼络和网罗汉族知识分子的同时，严肃考场纪律，严厉查处科考舞弊案；

第三，废除满清多年来实行的内务府制，代之以十三衙门制。

先来了解一下满清军队对于南明、大顺、大西政权残部继续追剿一事。

追剿南明残部

顺治元年（1644 年）夏，大顺政权在山海关被吴三桂勾结清军击溃，李自成退往湖北。顺治二年（1645年）春，摄政王多尔衮将军事重心东移，命豫亲王多铎移师南征。此时弘光政权内部正进行着激烈的党争，驻守武昌的平贼将军、太子少保、南宁侯左良玉不愿与李自成正面交战，以“清君侧”为名，顺长江东下争夺南明政权。首辅大臣马士英被迫急调江北四镇迎击左军，致使面对清军的江淮防线陷入空虚。兵部尚书史可法在扬州虽有督师之名，却无法调动四镇之兵。一月之中，清军破徐州，渡淮河，占领扬州，史可法不屈遇害。随后不久，清军渡过长江，攻克镇江。弘光帝朱由崧出逃，南京陷落。弘光帝朱由崧被掳获，送往北京处死，弘光政权仅一年，即覆灭。

南京失陷后，又有杭州的潞王朱常淓（1645年）、应天的威宗太子王之明（1645年）、抚州的益王朱慈炲（1645年）、福州的唐王朱聿键（1645～1646年）、绍兴的鲁王朱以海（1645～1653年）、桂林的靖江王朱亨嘉（1645年）等政权先后建立，其中以鲁、唐二王政权较有实力。这时清朝再次宣布剃发令，江南一带掀起了反剃发的抗清斗争，清军后方发生动乱，一时无力继续南进。

但南明内部严重的党派斗争与地方势力跋扈自雄，且鲁、唐二王政权不但没有利用这种有利形势，发展抗清斗争，反而在内部之间为争正统地位而形同水火，各自为战，所以当1646年清军再度南下时，先后为清军所各个击灭。鲁王在张煌言等保护下逃亡海上，在沿海一带继续抗清；唐王则被清军俘杀。

1646年年底，在广州和肇庆又成立了两个南明政权：唐王弟朱聿𨮁（1646年）称帝于广州，改明年为绍武元年；桂王朱由榔（1646～1662年）称帝于肇庆，改元永历。这两个政权也不团结，甚至大动干戈，互相攻伐。绍武政权仅存在40天就被清军消灭。揭阳的益王朱由榛（1647年）、夔州的楚王朱容藩（1649年）称监国与桂王争立。郑成功也在南澳一度立淮王朱常清（1648 年）为监国，后废。桂王在清军进逼下逃入广西。

追剿大顺

正当南明政权一个接一个地覆亡，形势万分危急之际，大顺农民军余部出现在抗清斗争最前线，挽救了危局。自李自成于 1645 年战死于九宫山后，他的余部分为二支，分别由郝摇旗、刘体纯和李过、高一功率领，先后进入湖南，与明湖广总督何腾蛟、湖北巡抚堵胤锡联合抗清。1647 年，郝摇旗部护卫逃来广西的桂王居柳州，并出击桂林。年底，大败清军于全州，进入湖南。次年，大顺军余部又同何腾蛟、瞿式耜的部队一起，在湖南连连取得胜利，几乎收复了湖南全境。这时，广东、四川等地的抗清斗争再起，清江西提督金声桓、清广东提督李成栋、清广西巡抚耿献忠、清大同总兵姜瓖、清延安营参将王永强、清甘州副将米喇印先后反正回归明朝，清军后方的抗清力量也发动了广泛的攻势。一时间，永历政权名义控制的区域扩大到了云南、贵州、广东、广西、湖南、江西、四川七省，还包括北方山西、陕西、甘肃三省一部以及东南福建和浙江两省的沿海岛屿，出现了南明时期第一次抗清斗争的高潮。

但永历政权内部仍然矛盾重重，各派政治势力互相攻讦，农民军也备受排挤打击，不能团结对敌，这就给了清军以喘息之机。顺治六年至七年（1649 ~ 1650 年）间，何腾蛟、瞿式耜先后在湘潭、桂林的战役中被俘杀，清军重新占领湖南、广西；其他刚刚收复的失地也相继丢掉了。

不久，李过之子李来亨等农民军将领率部脱离南明政府，转移到巴东荆襄地区组成夔东十三家军，独立抗清。这支部队一直坚持到 1664 年。

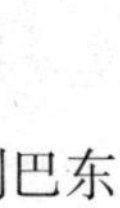

综观从清军入关到摄政王多尔衮去世之前的这段时间，南明军与清军作战中，败多胜少，大批南明的军队先后降清。先后丢失了江苏、安徽、浙江、江西、福建、两广、两湖等领地，地盘尽失。直到顺治皇帝亲政以后，以孙可望为主的大西军余部加入，才再次改变了整个局势。

追剿大西军

早在顺治三年（1646 年），清朝派兵进入四川攻打大西军，张献忠战死，大西军数十万众溃败。孙可望（张献忠义子，大西政权平东将军，号称“一堵墙”）、李定国（张献忠义子，大西政权安西将军）、刘文秀（张献忠义子，大西政权抚南将军）、艾能奇（张献忠义子，大西政权定北将军）四人在危难中收集数千大西军残部，由顺庆（今四川省南充市）急速南下，一昼夜驰数百里，保存了部分有生力量。顺治三年十二月（1647 年 1 月），上述四人率领的大西军残部到达重庆江北，南明总兵曾英率兵阻击。在“绝粒既十余日”的情况下，孙可望、李定国等鼓动部下发扬艰苦卓绝的勇气抢渡长江，终于杀死曾英，十几万残明军顷刻瓦解。大西军残部开始从逆境中发展起来，并向贵州进军。

顺治四年（1647 年）春，大西军残部连克贵阳、定番州（今贵州省惠水县）、永宁州（今广西壮族自治区永福县百寿镇北）。在贵阳，孙可望、李定国、刘文秀、艾能奇四人对大西军今后的出路和策略进行了商讨。孙可望主张向岭南发展，在沿海与清军周旋；李定国则主“复明”。孙可望、李定国两人争执不下，李定国拔出战刀自刺抗争，众将领也一致表示同意联明抗清，孙可望只得收回己见，四将军设坛盟誓：“复本姓，尊可望，受约束”，联明抗清之势开始形成。

此时的云南，正值阿迷州（今云南省红河哈尼族彝族自治州开远市）土司沙定洲叛乱，原大明黔国公沐天波逃离昆明。由于副将龙在田早在张献忠谷城诈降时便与孙可望相识，龙在田便派人向孙可望求援，告知："假大义来讨，全省可定也。"孙可望、李定国、刘文秀、艾能奇四人认为这是扩大农民军辖地的好机会，便以为黔国公复仇的名义出兵云南。沙定洲闻讯，惊恐万状，弃昆明南逃。顺治四年（1647 年）夏，大西军开进昆明，各族人民争相欢迎。这年秋，四将军在昆明共同称王，孙可望称平东王，李定国称安西王，刘文秀称抚南王，艾能奇称定北王，仍然保持着农民军的传统："每公事相会，四人并坐于上""然各营诸将赏罚，则一尊于可望。"

随着个人地位的提高，孙可望的野心逐渐膨胀。明朝原御史任僎，投其所好，建议孙可望称帝，李定国等不同意。孙可望便与亲信王尚礼策划，欲压服李定国，树立个人权威。顺治五年（1648 年）夏，孙可望指责李定国目中无他，发令杖责李定国一百军棍。为防止分裂，李定国勉强同意受责，诸将求情才被杖责五十军棍。从此，两人矛盾公开化。

顺治六年（1649 年）夏，孙可望派杨畏知为正使，与南明永历政权谈判"联合恢剿"，并要求封为秦王。但是孙可望的要求却被永历帝朱由榔及其臣属拒绝，孙可望在任僎的撺掇下，于顺治七年（1650 年）八月自称"秦王"，改云南省为云兴省，铸铜币"兴朝通宝"。李定国对此很不满。顺治七年（1650 年）秋，孙可望率军入贵州，并分兵取川南，扩充根据地。李定国被派进攻安顺。很快，贵州被平定，孙可望自往贵州，留李定国固守云南。李定国加紧练兵，准备东进，刘文秀平定了川南，大西军又建立起以云贵为中心的新基地。

此时，南明永历小朝廷的处境却江河日下。顺治六年（1649 年），清军攻占湖南后，翌年又攻占桂林，南明永历皇帝朱由榔先逃梧州后逃南宁，只得依靠大西军这唯一的力量了。

顺治皇帝亲政不久，南明永历皇帝朱由榔派使臣前往贵州，封孙可望为冀王，但孙可望不接受。李定国等劝孙可望仍派杨畏知谈判，孙可望虽然表面答应，暗地却派出精兵赴南宁，杀死南明永历皇帝手下五大臣，逼迫南明永历皇帝朱由榔，改封他为秦王。顺治八年（1651 年）年底，南宁再次被清军攻克，朱由榔仓皇逃走。

顺治九年（1652 年）正月，孙可望派人将朱由榔接到贵州安龙，改名安龙府，并答应每年向南明永历政权“致银八千两，米百石”，而朱由榔则允许孙可望今后“大小战争，诛斩封奏，先行后奏”。这样，大西军与永历政权的联合抗清阵线才正式建立。

留在云南的李定国，为了“联明抗清”，继续实行政治和经济改革，减轻百姓的负担，使滇南出现“外则土司敛迹，内则物阜民安”的大好局面。李定国终日操练兵马，制造盔甲，训练象队，一年内练就精兵三万。同时，李定国还举行了生童考试，对考中秀才者，发给赏钱三百串，鼓励大家用心读书，并准备实行科举考试。

随着联明抗清阵线的形成，李定国已做好了进攻的充分准备。

顺治九年（1652 年）春，顺治皇帝命定南王孔有德由桂林出河池，进攻贵州，命吴三桂由嘉定（四川省乐山市）出叙州（湖北省宜昌市），进攻川南。清廷的目的是要用两路夹击之策，实现对大西军抗清基地的包围。

面对紧迫局势，李定国给孙可望写信，要求出兵湖广，粉碎清兵围剿。孙可望表示同意，决定将大西军兵分两路出击，北路军以刘文秀为主将，白文选、王复臣为副将，进攻四川；东路军以李定国为主将，马进忠、冯双礼为副将，进攻湖南。孙可望则统率“驾前军”留守滇黔，大西军从此开始与清军主力正面交锋。

顺治九年（1652 年）春，李定国率步骑八万和五十头战象出征，临行前定“兵行五要”，即“一不杀人，二不放火，三不奸淫，四不宰耕牛，五不抢财货”，有力地保证了军纪和部队战斗力。顺治九年（1652年）五月，北路军连克沅（湖南省芷江县）、靖（湖南省靖县）、武岗诸州。镇守宝庆（湖南省邵阳市）的清将沈永忠急忙向孔有德告急，孔有德从桂林分兵救援。李定国抢在援敌之前，从枫木岭渡江直取宝庆，消灭清军五千。

顺治九年（1652年）夏，李定国出兵祁阳，准备夺取广西的门户全州，消灭孔有德军队。他兵分三路，由冯双礼率左路取全州，张胜率右路攻严关（广西壮族自治区兴安县严关乡），自己亲率一路攻桂林外围据点，然后三路合攻桂林，取得了桂林大捷。

这之后，广西全境很快被收复，明将胡一青、赵印选、马宝等相继归顺李定国。顺治九年（1652年）秋，李定国以明朝原巡抚徐天佑镇守桂林，自己又率军北上直捣湖南，连取全州、永州（湖南省零陵县）。时隔不久，李定国进攻衡州（湖南省衡阳市），守军闻风而逃。李定国在衡州安设官员，休整部队，准备继续北进。同时，李定国又命令马宝率广西明军东取阳山、连州，占领广东西北部，派马进忠、冯双礼北取长沙，攻占常德、岳州，命高文贵东进江西，连下永新、安福、永宁、龙泉，围攻赣西重镇吉安，又取得了湘桂大捷。

清军在湖广接连失利，使清政府大为震惊，顺治皇帝急命洪承畴经略湖广、云贵、两广，趋长沙。顺治九年（1652年）冬，顺治皇帝又派敬谨亲王尼堪任定远大将军，率领三贝勒、八固山共十五万精兵朝长沙扑来。面对强敌，李定国进行了周密的部署：大西军暂退出长沙，引诱清兵渡湘江，将冯双礼、马进忠部埋伏白杲市，待清兵过衡山，李定国从蒸水（衡山西南）正面攻击，冯、马二将背后出击，两军相夹，合歼尼堪。时隔不久，尼堪进抵衡州，李定国在蒸水率军出击，接着转战到城北香草庵、草街，战局不分胜负，为此李定国准备采用伏击战术。五天之后，双方再战，李定国佯装败退，尼堪紧追不舍，追至演武亭，一声炮响，大西军伏兵四起，团团围住尼堪，李定国手举大刀，将尼堪一劈两半。清军失去主帅，大败而逃。

李定国出征不足一年，纵横数省，收复湘、桂，击败清军数十万，掀起了继顺治四年（1647 年）第一次抗清高潮后的第二次抗清高潮。明末名士黄宗羲曾称赞说："逮夫李定国桂林、衡阳之战，两蹶名王，天下震动。此万历戊午以来全盛天下所不能有。"

然而，北路军由于主将刘文秀轻敌，顺治九年（1652 年）冬，在保宁（四川省阆中市）被吴三桂击败，副将王复臣壮烈牺牲。孙可望不仅削去刘文秀的爵号，又拆散其部队，引起大西军将领的不满。

孙可望本是个权欲熏心的人，在李定国立下赫赫战功之后，更引起他的嫉恨。他擅自改变作战计划，与李定国处处作对。清军早已得知孙可望与李定国不和，派贝勒屯齐再入湖南，与孙可望的部队在宝庆相遇。由于骄傲轻敌，孙可望被清兵杀得大败，急忙逃往峒江，衡州、武岗、靖州、辰州、沅州、黎平等州郡均陷于清军之手，李定国精锐亦挫者殆半。清平南王尚可喜也派舟师夺取了梧州和桂林。李定国和大西军将士浴血奋战得来的累累战果，可惜被孙可望破坏殆尽。

清军对李定国也紧追不舍，顺治十年（1653 年）春，永州被攻陷，李定国移驻龙虎关（湖南省桃川镇西）。时隔不久，广东义师罗锦釄迎接大西军入粤，广东的抗清烈火又被点燃。李定国连破开建（广东省封开县）、德庆，直抵肇庆城下，又分兵攻克四会、广宁、三水，完成对肇庆城的包围。

李定国深感自己的力量不足以平定广东，便于顺治十年（1653 年）夏主动致书当时在东南沿海的抗清明将郑成功，邀他会攻广州。但由于联络不便，郑成功误期，郑、李第一次联合行动未能实现。此后的李定国率兵两万进攻桂林，围攻七昼夜未克，只得退回柳州。孙可望不仅不帮，反而派兵想趁势置李定国于死地，好在李定国早有防备，孙可望未能得逞。

经过几年的内部争斗，孙可望于顺治十四年（1657 年）以十余万大军进攻李定国，但广大将士临阵倒戈，投向李定国。孙可望日暮途穷，投降了清军，于顺治十七年（1660 年）冬在狩猎途中死去。

顺治十五年（1658 年）春，清军攻陷昆明，南明永历皇帝朱由榔逃入缅甸，李定国退至孟艮（今云南边境），继续坚持抗清斗争。当时，清朝命吴三桂等人统兵入缅。

顺治皇帝去世不久，康熙元年（1662 年），缅甸人将朱由榔献于吴三桂，后来被吴三桂绞死于昆明篦子营。李定国得知朱由榔被俘，回兵勐腊，仍遣人往车里（今西双版纳傣族自治洲）借兵，以为持久抗清之计。但营中人马死者相继，李定国亦病，复闻朱由榔凶信，更加愤懑，于康熙元年（1662 年）夏死于勐腊，临终时遗命其子："任死荒徼，勿降也！"

丁酉科场案

再来了解一下顺治皇帝在继续实行开科取士制度以笼络和网罗汉族知识分子的同时，严肃考场纪律，严厉查处科考舞弊案。

此时的顺治皇帝强调"首崇满洲"与"满汉一体"政策，目的是重构一个包括满、汉、蒙诸族新的大一统。满人、汉人都必须使自己的本位民族认同服从于大清的国家认同，体现在内部权力结构上，汉臣以自己文化上的优越性提携满臣，满臣以自己政治上的优势性信任汉臣，最后达到满汉之间的和谐，并进而形成一种对清朝的国家认同。

"首崇满洲"与"满汉一体"是清初国家处理满汉矛盾的基本国策。

在“首崇满洲”与“满汉一体”之间找到适当的平衡点一直是困扰清初统治者的重大问题。

清政府中枢机构中汉族官员地位的上升，除了顺治皇帝采取限制满洲权贵的权势政策措施外，还有“清朝政府培养的一批汉族官员逐渐取代降官进入中枢机构”和“相当一批满洲权贵被作为政敌打了下去”等重要因素。大量重用汉人，并以此推行汉制改革，对于形成对全国的统治，进而构筑一个新的多民族国家统一体无疑起了积极作用。

但是在清政府内部，由于汉官势力的增强，其凝聚力也开始增强，文化上的优势使他们对于“首崇满洲”的观念产生动摇。顺治皇帝的目标是在“首崇满洲”的前提下，注重“满汉一体”，使内部满汉官员的职事达到一种平衡，从而构筑一个在满洲人领导下的满汉合一的官僚体系，建立起满汉共同认同的一个中央政权。但是，一味地重用汉人而不加节制，使“满汉一体”本身失去了平衡，而且这种失衡隐隐危及“首崇满洲”这个根本前提。

满清统治者兴兵入关统一全国后，为了笼络和网罗知识分子，顺治元年（1644 年）宣布沿袭明朝惯例，按期开科取士。

顺治二年（1645 年）在北方数省举行乡试，录取了清朝首批举人；顺治三年（1646 年）在北京举行会试，录取了开国的首批进士；顺治四年（1647 年）又加行会试，多取江南文士。当然，上述这四次会试，都是在多尔衮摄政时期的政绩。顺治皇帝亲政之后，又先后开科取士四次。上述八次开科取士，共录取进士 2591 人。

当然，在顺治皇帝开科取士的过程当中，因为曾经先后出现过多起令顺治皇帝头痛的大大小小的科举考场案。《吴梅村年谱》中就有这样的记载：“壬辰（顺治九年，即 1652 年）权贵与考官有隙，因事中之，于是科场之议起。”这还算小事一桩，闹得最厉害的，是顺治十四年（1657 年）

的丁酉科场案。此案因考官纳贿而起，株连人数之多，对全国震动之大，在大清王朝200多年的历史中，实属罕见。但是真正令后人津津乐道的，却是这场荒诞的科举闹剧中的悲剧性人物——吴兆骞。

明朝对于科场案件，一般处理较轻。处理最重的要算嘉靖朝的“翟汝孝兄弟关节案”，也不过是考官杖责、贬官，应试者废黜。而清初顺治十四年（1657年）丁酉科场案的处理，皇帝却是大开杀戒，不但受贿的考官和行贿的考生立即处死，还株连亲属，父母妻子全遭流放，惩处异常严厉，酿成了有科举以来空前的大惨案！

首先案发的是北闱（即顺天府）科场案。这次主考是翰林侍读曹本荣，侍讲宋之绳，分校官有大理事左右评事李振邺、张我朴等十四人。参加者5700多人，中试名额仅206名，于是一些人便竞相贿赂考官。

顺天乡试行贿作弊，在明末久已成风，入清后更为公开。因为主考官李振邺、张我朴等公开接受给事中陆贻吉、博士蔡元义、进士项绍芳的请托和贿赂，京官三品以上的子弟没有一个不录取的。其中，光李振邺一个人便答应了25个人的关节。

当然，也有人花了银子没有考上的。榜发之后，这些人议论纷纷，更有人告状喊冤。11月21日（十月十六日），给事中任克溥上疏揭发。经调查属实，顺治皇帝大怒，于12月1日（十月二十七日）下旨：“李振邺、张我朴、蔡元义、陆贻吉、项绍芳，举人田耜、邬作霖俱着立斩，家产籍没，父母兄弟妻子俱徙尚阳堡。”结果涉案人员七个掉了脑袋，并抄家，父母、妻、子、兄弟也遭流放。12月15日（十一月十一日）顺治皇帝又谕令礼部：“今年顺天乡试，发榜之后，物议沸腾，同考官李振邺等，中试举人田耜等，贿赂关节，已经审实正法。其余中试各卷，岂皆文理平通，尽无情弊？尔部即将顺天乡试中试举人，速传来京，候朕亲行复试，不许迟延规避。”

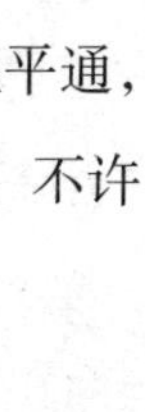

复试的时间和题目，全部由顺治皇帝钦定。顺治十五年正月十七日（1658年2月18日），在太和门复试，士子们在八旗亲兵的押送下进入考场，由顺治皇帝亲试。二十五日（2月26日）宣布结果，革去苏洪浚等八人的举人资格，米汉雯等一百八十二名仍准许会试。

1658年5月24日（四月二十三日），顺治皇帝在太和门亲审其余各犯，把应处死的25人痛加申斥以后，“俱从宽免死，各责四十大板，流徙尚阳堡”。顺治还特意强调：“自今以后，凡考官士子，须当恪遵功令，痛改积习，持廉秉公……如再有犯此等情罪者，必不姑宥。”

无独有偶，过了半年，顺治十四年十一月二十四日（1657年12月28日），给事中阴应节参奏：“江南主考官方猷等弊窦多端……物议沸腾。”由于顺治皇帝处置“北闱”乡试科场案的怒气未消，听到这个消息，更是火上加油，怒不可遏。立即传旨：“方猷等经朕面谕，尚敢如此，殊属可恶。方猷、钱开宗并同考试官，俱着革职。”并且下令派总督郎廷佐清查此案。

丁酉科江南乡试，正主考是翰林院侍讲方犹，副主考是翰林院检讨钱开宗。发榜以后，虽然得中的多是江南名士，但是中试的举子，不少是贿赂考官而中的。因而两江的士子们议论纷纷，以致造成了“群体事件”。

发榜之时，就有一些落第考生拦住了考官怒骂。两主考在考试结束回乡之时，船过常州、苏州，又有大批士子追着船大骂，甚至向船上投掷砖瓦。落榜的士子们怒不可遏，群集在贡院门前，有人还在门上贴了“大字报”：“孔方主试合钱神（暗指考官方犹和钱开宗），题目先分富与贫（科题取《论语》中‘贫而无谄’一词），金陵自古称金穴，白下于今中白丁。”内有一人将门上“贡院”两个大字的“贡”字中间加了一个“四”字，改成了“卖”（卖字的繁体）；“院”字用纸贴去“阝”变成“完”字，“贡院”变成了“賣完”（卖完）。讽刺堂堂选取人才的贡院，竟成金钱交易的污秽之所。这时江宁书坊店里还刻了一部传奇，叫《万金记》，以方字去一点为万，钱字去一旁为金，影射方、钱二主考，极尽“万”“金”二主考暗通关节、受贿赂的种种舞弊丑态。著名戏曲家尤侗又作了一部传奇名《钧天乐》，也是说考试行贿买通关节之事。《钧天乐》这本书一直流传到京都，而且闹得满城风雨，令顺治皇帝火冒三丈。

1658 年 3 月 22 日（二月十七日），顺治皇帝在中南海瀛台亲试该科江南中试的正副榜举子。和上次亲试情形差不多，每个举人都身带刑具，由护军营的军校持刀监视，戒备森严。3 月 29 日（二月二十四日）公布皇帝亲试结果，二十四人罚停会试，十四人文理不通，革去举人资格；只汪溥勋等七十四人准许参加会试。

1659 年 1 月 1 日（十一月二十八日），顺治皇帝在刑部奏折上谕批：方猷、钱开宗俱着即正法，妻子家产，籍没入官。叶楚槐等十八名同考官处绞刑，妻子家奴，籍没入官。方章钺、吴兆骞等八名考生，俱着责四十板，家产籍没入官，父母妻子流徙宁古塔（今黑龙江省宁安市，是清朝前期重犯流放地）。

考试交白卷

在这场科场狱案中，吴兆骞交白卷一事最为轰动。吴兆骞（1631 ~ 1684 年），字汉槎，江苏吴江人，九岁作《胆赋》，十岁写《京都赋》，少年时即声震文坛。但是，吴兆骞少年生活的年代正是大明朝气数将尽而后金迅速从东北崛起的时期。

年少时期的吴兆骞禀赋超人，聪明灵慧。据有关史料记载，吴兆骞从小就能读懂《太玄经》，有一目十行、过目不忘的记忆力。据清人记载：吴兆骞自赋才盛，好动狂野。小时候，在私塾读书，见个别同学愚笨，他便取下同学的帽子小便。同学哭告先生，先生恼怒责问。他竟回答："与其戴在俗人头上，还不如拿来盛小便。"先生摇头叹息："此子必以名大惹祸。"另有一次，他与几位朋友同出吴江县东门，路上忽对汪钝翁说："江东无我，卿当独秀！"旁人为之侧目。试想，一个人从小就是众人捧月般娇宠的童星，不可能不惯得他眼中无人，盛气凌人，自傲不羁，出言不驯。

为了刹住吴兆骞的狂傲之气，进一步夯实吴兆骞的文学功底，吴兆骞的父亲经常与吴兆骞一起读书研史，谈经论道。无论寒暑，用功不懈，使得吴兆骞学问更加精深。

清军平定江南之后，各地文学社团渐趋活跃。吴兆骞也随兄弟好友参加了"慎复社"，谈古论今，赋诗诵词，唱曲吟和，雅俗自得，使吴兆骞的文学造诣进入了一个加快提升的辉煌时期。他的文学才华得到了社会的充分认可，并与当时名震文坛宜兴的陈维崧、松江的彭师度文学名士一起，并称为"江左三凤凰"。但就是这个"惊才绝艳"的吴兆骞，这次赶上了顺治皇帝亲自主持科考，他却交了一张白卷。

复试那天，考场上，刀光剑影，戒备森严，冰雪僵冻，天气奇寒。顺治皇帝亲自坐镇考场，空气凝固得让人喘不过气来。当年的中国文人胆小怕事的居多。见到此等阵势，早已胆战心惊，手脚冰冷，无法下笔。文人当中也有另类，关键时骨气铮铮，威严烈烈，荣辱不惊，掷笔不从，一身英雄浩气。后人对当年此事的记载中，关于吴兆骞的案情有三种截然不同的说法。其一是说吴兆骞突得风寒，疾病缠身，不能落笔，交了白卷。其二是说吴兆骞惊吓失常，心悸手抖，不能握笔，交了白卷。其三是说吴兆骞将复试视为奇耻大辱，痛斥所为，掷笔不从，交了白卷。从当年中国文人以及吴兆骞十分矛盾的心理纠葛来看，三者之为，皆有可能。尤其是最后一种虽最难为，但文人气盛，逞一时之勇，也非没有道理。

得知吴兆骞交了白卷，顺治皇帝十分恼怒。满清铁骑横扫中原大地一统天下之后，江南士子们怀明抨清，鼓动不满，顺治皇帝早就有了给予惩戒的想法。这次“南闱科场案”正好是一个送上门来的契机，顺治皇帝岂能放过。吴兆骞交白卷，就是对大清王朝的无声抗议，又有仇家谗言陷害，故此埋下祸根。

当年，吴兆骞的才气和境遇受到了许多人的同情。也可能吴兆骞一时负气并没有想到后果会这么严重，后来经人劝告也开始有些悔意。于是，在复试之后刑部提审过程中，时任刑部郎中的安珠护发现吴兆骞很有才华，企图加以搭救。可是，此案大局已定，无可挽回。

顺治十五年（1658 年）秋，吴兆骞被发配到宁古塔充军。临行时，京中好友顾贞观、徐乾学、吴梅村等人都来给他送行。这一去就是二十多年，吴兆骞写了许多悲愤慷慨的诗歌和感人泪下的书信，后来编成了《归来草堂尺牍》和《秋笳集》。

吴兆骞从抵达宁古塔第一天起，无时不盼望着回归故里。转眼已经流放 20 余年了，回家的心情更加迫切，但却看不见一丝希望，这让吴兆骞的心中充满了绝望。其实，吴兆骞并不知道，曾经与他私交甚厚、情同手足的朋友顾贞观，自从吴兆骞流放到宁古塔时起，就一直在为吴兆骞的获释不遗余力地四处奔走呼号。顾贞观于康熙十五年（1676 年）入京，在当朝太傅明珠家课馆，与明珠之子纳兰性德相交甚厚。这年冬天，顾贞观寓居北京千佛寺，环顾四周冰雪，想起当年与朋友挥别，如今远在天边生死未卜，立时肝肠寸断，欲哭无泪，挥笔写下了催人泪下的千古绝唱《金缕曲》：

季子平安否？便归来，平生万事，那堪回首！行路悠悠谁慰藉？母老家贫子幼。记不起、从前杯酒。魑魅搏人应见惯，总输他、覆雨翻云手。冰与雪，周旋久。泪痕莫滴牛衣透，数天涯、依然骨肉，几家能够？比似红颜多薄命，更不知今还有。只绝塞、苦寒难受，廿载包胥承一诺，盼乌头，马角终相救。置此札，君怀袖。

我亦飘零久，十年来，深恩负尽，死生师友。宿昔齐名非忝窃，试看杜陵消瘦。曾不减，夜郎僝僽。薄命长辞知己别，问人生，到此凄凉否？千万恨，为君剖。兄生辛未我丁丑，共些时，冰霜摧折，早衰蒲柳。词赋从今须少作，留取心魂相守。但愿得，河清人寿。归日急翻行戍稿，把空名，料理传身后。言不尽，观顿首。

词中思念友人、悲肠寸断非一般友谊所能替代。顾贞观曾经将营救吴兆骞的心愿向纳兰性德述说求援，当时，纳兰性德考虑此事十分复杂并未首肯。这日见到此诗，纳兰性德不禁感动得流泪，认为古来怀念朋友的文学作品中，李凌与苏武的《河梁生别诗》，向秀怀念嵇康的《思旧赋》，与此鼎足而三。他立即向顾贞观允诺“何梁生别之诗，山阳死友之传，得此而三。此事三千六百日中，弟当以身任之，不需兄再嘱之”。顾贞观听说纳兰性德要以10年为期来营救吴兆骞，立即就急了，不觉屈膝一跪说：“人寿几何，请以五载为期。”纳兰性德不觉也激情澎湃，慷慨赋诗一首《金缕曲》送给顾贞观，以表明自己营救吴兆骞当义不容辞：“绝塞生还吴季子，算眼前外皆闲事。知我者，梁汾耳！”

营救江南才子吴兆骞，并非顾贞观和纳兰性德二人之力所能。为此，纳兰性德多次向当朝太傅父亲明珠求情帮助。开始明珠并不动心，后经再三肯请，才吐口给予斡旋。恰巧这时康熙皇帝派人去祭长白山，吴兆骞写了一篇《长白山赋》，献给康熙皇帝。康熙皇帝一阅，文辞华美，确实才气过人。因此大学士徐干学趁机倡议捐钱把其赎回来。徐干学官居显赫，又和当朝太傅明珠同是一党，自然一呼百应，闹得朝野名流只恨钱少。康熙二十年（1681年），朝廷同意吴兆骞结束流放生活，可以入关回乡。

康熙二十年（1681年），吴兆骞奉诏赐还。他在塞外度过了二十三年，终于入雁门关，回到北京后，夜夜梦乡里的情景遽然变成了现实。他在东北生的儿子吴振臣已经十七岁。吴振臣在他写的《宁古塔纪略》中记述了这个激动人心的场景："与亲友相聚，执手痛哭，真如再生也。流人复归本土，玉门之关既入，才子之名大振。"

吴兆骞获释回来后，京城名流纷纷给他接风洗尘，日日欢宴，在大学士徐干学和相国冯溥等人的倡议下，众人还纷纷赠以诗文，一时成为盛事。

时隔不久，吴兆骞接到当朝太傅明珠邀请他作为小儿子老师的书函，吴兆骞简单收拾行囊来到明珠的寓所，当他走进书房时，看到"顾梁汾为吴汉槎屈膝处"几个字，不禁感动万分，声泪俱下。

后来，吴兆骞很快又返回苏州故里，并在童年好友汪钝的资助下，筑屋三间，自己命名为："归来草堂"。由于在东北苦寒之地生活多年，吴兆骞已不适应江南水土气候，竟然大病数月，后来病情一直没有好转。康熙二十二年（1683年）病故，时年吴兆骞54岁，因为家境贫寒，纳兰性德为他料理了后事。

话说回来，此时的顺治皇帝，为防止在今后的科举考试中考生作弊和官方腐败的案件再次发生，保证科考的公平与公正，对考生作弊行为做了很严格的处罚规定：作弊者要被枷号（在街头带枷示众）三个月，然后发烟瘴（边疆）地区充军。而顺治皇帝对"南北闱"案的严酷处理，显然含有严厉警告汉族士人，尤其是江南士子的用意，由此开了有清一代严惩科考作弊的先例，受贿考官处死，竟成为法律。

当然，被发配宁古塔却看不见一丝希望的，并不单单吴兆骞一人。这就是我们接下来要了解的顺治皇帝废除满清多年来实行的内务府制，代之以十四衙门制所造成的后果了。

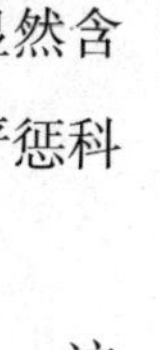

十三衙门制

顺治皇帝亲政以后，在效法明制、继续推行汉化措施的同时，将明朝制度中的许多糟粕也兼收并蓄了——比如，顺治皇帝废除了清初设立内务府这一管理皇家事务的机构，而代之以十三衙门这一仿效明制而重新设立的太监机构。

明代太监擅权专政，使政治腐败不堪。这对刚刚入关不久的满清统治者来说，是刻骨铭心的历史教训。他们鉴于这个教训，又根据满洲自身的社会组织，创立了一套有别于明宫廷的管理制度。早在努尔哈赤创立八旗时，就曾在每旗中拨出一部分人（主要是战俘）专供旗主使役，作为旗主的家丁，满语称之为“包衣”。八旗各有包衣，后来皇帝拥有上三旗，由此就有了上三旗包衣。

清军入关后，摄政王多尔衮在上三旗包衣的基础上设立了内务府，作为管理上三旗包衣和宫内事务的专门机构，由满大臣担任内务府总管大臣。内务府自成系统，与外廷职官无涉，所属机构多达五十处以上，职官三千余人。内务府官员是国家定制的官员，一切听命于朝廷的调动，不能永远把持内务府的职权。当时太监颇少，制度又比较严格，太监因此未能成为一个特殊的问题。

睿亲王多尔衮摄政时期，太监的情况与关外时差别不大。明朝末年，宫中太监多达数万人。清军入关时，很多太监由于惧怕而逃至宫外。顺治皇帝与皇太后带大批随员迁入紫禁城后，太监们见事态和平，又陆续回到宫中。此时摄政王多尔衮是严格按规制要求的，只让他们充任洒扫之类的杂役。顺治元年（1644 年）夏，故明御用监太监吴添寿对摄政王多尔衮进行试探，提出朝廷应照旧例派太监到涿州、宝坻等地皇庄征收钱粮。摄政王多尔衮当即表示“差官必扰民，着归并有司另行起解”，予以驳回。

(《清实录》)不久，户科给事中郝杰参奏太监有越轨行为：“乃者颁诏大典，赐宴廷臣，突有内监数辈先行拜舞，辱朝廷而羞当世，莫此为甚。伏乞敕下礼部，凡遇朝贺，悉照旧典。原有牙牌旧制，非独别品级，实以防奸伪也。今应仍照品级悬带。至于流杂赀员，不得滥越词林科道侍从之前。”摄政王多尔衮对太监的越礼行为十分反感，斥责为“太监原未赞礼，何得溷入朝班！”(《清实录》)第二年，又明确规定：“嗣后内监人员，既不许与朝参，亦不必排班伺候。”(《清实录》)由此，太监再也没有像明朝那样趾高气扬。

顺治皇帝亲政之后，太监的地位发生了很大的变化。当时出入宫廷的钦天监官员，德国传教士汤若望曾留下了有关记载：“顺治自这个时期起，愈久愈入太监之影响中。这是一种下贱的人民，在朝代更替的时期，俱被驱逐出宫，成千成百地到处漂泊，然而这时却渐渐又一批一批收入宫中，照旧供职……竟有数千之多。”(《汤若望传》)

在亲信太监吴良辅等人的影响之下，顺治皇帝决定恢复宫中太监衙门——十三衙门。顺治十年（1653 年）夏，他颁布上谕：“……宫禁役使，此辈势难尽革。朕酌古因时，量为设置：首为干清宫执事官，次为司礼监、御用监、内官监、司设监、尚膳监、尚衣监、尚宝监、御马监、惜薪司、钟鼓司、直殿局、兵杖局。”顺治皇帝估计重新设立太监衙门的做法，可能要招致大臣们的反对，因此在同一上谕中，又特别强调：“寺人不过四品，凡系内员，非奉差遣，不许擅出皇城，职司之外，不许干涉一事，不许招引外人，不许交结外官，不许使弟侄亲戚暗相交结，不许假弟侄等人名色置买田屋”“其在外官，亦不许与内官互相交结”。(《清实录》)

尽管如此，许多满清大臣仍然惴惴不安。都察院左都御史图赖等人上疏提出反对意见。顺治皇帝阅后，马上将他早已准备好的理由抛出来驳斥：“今总管内事，乃勋旧大臣，忠诚为国，朕自无虑。万一有如冷僧机其人者，考权作弊，何以察防？因分设衙门，各司其事，庶无专权欺蒙之患。衙门虽设，悉属满洲近臣掌管，事权不在寺人。且所定职掌，一切政事，毫无干预，与历代迥不相同。着仍遵前旨行。”（《清世祖实录》）大臣们再无话可说，只得任凭顺治皇帝一意孤行。

第二年，顺治皇帝又谕礼部：“内务府事务殷繁，须各司分理。乃止设十三衙门。其原设之尚方司，未曾议及。此司系太宗时设立，职掌甚要，断不可少。着仍旧设立，共为十四衙门。”（《清实录》）至此，十三衙门彻底取代了内务府，明朝太监制度的主要内容，在清宫就基本恢复了。

顺治皇帝设置十四衙门的这种与满洲旧俗完全不符的做法，必然招致满清大臣们的反对。顺治十二年（1655 年）夏，顺治皇帝似乎是在大臣们的压力下，感到了设立太监衙门的做法与满洲旧俗的距离太大，但他又不忍心将它废除，于是仿照明初太祖朱元璋在宫门立铁牌、限制太监干预政事的做法，也铸了铁牌立在交泰殿等处。铁牌所铸谕文为：

中宫之设，虽自古不废，然任使失宜，遂贻祸乱。近如明朝王振、汪直、曹吉祥、刘瑾、魏忠贤等，专擅威权，干预朝政，开厂缉事，枉杀无辜，出镇典兵，流毒边境，甚至谋为不轨，陷害忠良，煽引党类，称颂功德，以致国事日非。覆败相寻，足为鉴戒。朕今裁定内官衙门及员数职掌，法制甚明。以后但有犯法干政，窃权纳贿，嘱托内外衙门，交结满汉官员，越分擅奏外事，上言官吏贤否者，即行凌迟处死，定不姑贷。特立铁牌，世世遵守。（《清实录》）

尽管顺治皇帝做出种种姿态，如用满大臣与太监同理内官衙门，限定太监官不过四品，铸立铁牌等，来表现自己与明朝正德、天启等昏君有所不同，但是由于在封建社会中，法律和制度不过是皇帝股掌上的玩物，顺

计后面的辅助人员名单）。

又根据王重民的《中国善本书提要》记载，王重民所见的美国国会图书馆所藏的90卷本《西洋新法历书》善本各部分前皆有作者署名，称“著”“撰”“述”“订”“删定”等。此书共包括著作27种，其中《远镜说》没有署名，《学历小辩》署“历局与魏文魁辩论文稿”，又缺《新历晓惑》一种，而此3种皆为汤若望所撰。据此，可对《西洋新法历书》28种著作之作者署名情况统计如下，归于汤若望一人名下者7种；汤“撰”而他人“订”者6种；他人“撰”而汤“订”者10种；汤与他人同撰者1种；与汤若望无涉者仅4种。

因此，即使考虑到《西洋新法历书》中有数种为汤若望所新增，汤若望也无疑是《崇祯历书》中两个最重要的撰写者之一。

此外，1626年，汤若望还在中国学者李祖白的协助下撰写了《远镜说》一书。《远镜说》一书，是汤若望根据1616年德国法兰克福出版社出版的赛都利的著作编译而成的。这本书对伽利略望远镜的制造原理、功能、结构、使用方法都做了详尽说明，通篇条理清楚、浅显易懂，图文并茂。这是中国出版的最早的一部介绍西方光学理论和望远镜技术的启蒙著作。

为帮助中国开采矿藏，加强国家储备，汤若望在历局期间，还同中国学者合作翻译了德国矿冶学家阿格里科拉（Georgius Agricola）于1550年撰写的论述16世纪欧洲开采、冶金技术的巨著《矿冶全书》（*Dere Metallica Libri* XII）一书，中译本定名为《坤舆格致》。此书编成后，汤若望进呈给朝廷，崇祯皇帝御批：“发下《坤舆格致》全书，着地方官相酌地形，便宜采取。”

不过，因战事已紧，明王朝迅速崩溃，已无暇过问《坤舆格致》的命运，因此该书未被刊行，后来也便在明末清初纷繁的战事中遗失了。

迅速走红

1644年5月，清军进入北京。汤若望开始和大清王朝的实际掌权人摄政王多尔衮打交道。在汤若望与多尔衮打交道的过程中，下面的两件事最能典型地显示出汤若望的勇敢机智。

第一，汤若望留任北京。

1644年，清兵入主北京。摄政王多尔衮下达严令："内城居民，限三日内，尽行迁居外城，以便旗兵居住。"

按照摄政王多尔衮的命令，八旗兵到处圈地赶人。连汤若望所躲避的宣武门内天主堂都让人端了，不仅人被赶出来，而且还被八旗兵命令天主堂里头的东西也必须在三天内搬出去，否则就要动家伙了！

当时住在宣武门天主堂的汤若望冒着违令受惩的危险，上疏朝廷，称："曾奉前朝故皇帝令修历法，著有历书多轶，付工镌版，尚未完竣，而版片已堆积累累；并堂中供像礼器、传教所用经典、修历应用书籍并测量天象各种仪器，件数甚伙。若一并迁于外城，不但三日限内不能悉数搬尽，且必难免损坏，修正既非容易，购买又非可随时寄来。"因而恳请"仍居原寓，照旧虔修"。

可能是天主恩赐吧，居然让摄政王多尔衮看到了他的条陈，而多尔衮也大发善心，第二天便传谕："恩准西士汤若望等安居天主堂，各旗兵弁等人，毋许阑入滋扰。"

这一来汤若望就和满清的上层搭上关系了，在保护南堂及内存所有历书、仪器和传教所用经典免遭战火洗劫后，汤若望又多次奉召入朝，向新统治者力陈新历之长，并适时进献了新制的《舆地屏图》（即世界地图）和浑天仪、地平晷、望远镜等仪器，而且用西洋新法准确预测了1644年9月1日（八月初一）日食的初亏、食甚、复圆的时刻，终于说服当时的摄政王多尔衮，决定从 1645 年开始，将其参与编纂的新历颁行天下。汤若望本人也被任命为钦天监监正（五品官）。而这仅仅是他在北京城里走红的开始。

汤若望之所以得到明清两朝统治者的重视而迅速走红，就是因为他所掌握的天文、历法方面的知识及其所具有的修订历书的能力。像汤若望这样精通天文历法的传教士，即使在鼎革之后依然受到重用，正如摄政王多尔衮在谕令中所指出的："治历明时，帝王首重，今用新法正历，以敬迓天休""用称朝廷宪天乂民至意"。(《清世祖实录》) 入主中原的清朝统治者，要用汤若望修订的历书来证明自己继明而立是承天受运。

第二，阻止摄政王多尔衮建立新城。

清军入关后，大权在握的摄政王多尔衮开始觊觎皇位。正像《清世祖实录》中摄政王多尔衮对亲信所说的那样，"若以我为君，以今上为储，我何以有此病症？"根据魏特的《汤若望传》记载，摄政王多尔衮为了实现逼宫，着手下令建立新城，准备把废黜的顺治皇帝囚禁在那里。为建筑新城，"国库中一切钱财俱被搜掘"，甚至对民间加派田赋。

面对摄政王多尔衮的淫威，满朝文武、皇亲国戚没有一个人敢说"不"字，只有汤若望以"天象示警"奏请停止这一工程，从而使得迫在眉睫的逼宫危机暂时缓解。而这一缓解，也就使顺治皇帝熬到了摄政王多尔衮于 1650 年 12 月 31 日死在喀喇城，迎来了顺治皇帝的亲政时期。

顺治皇帝亲政之后，大学士范文程把汤若望引荐给了顺治皇帝。根据恩斯特·斯托莫的《"通玄教师"汤若望》记载，汤若望"天象示警"的奏请赢得少年天子的好感。此后，顺治皇帝在一天之内加封给汤若望三个荣誉头衔：通议大夫、太仆寺卿、太常寺卿，官居一品。

顺治皇帝与汤若望关系融洽，"有如家人父子"。当时在中国的外国传教士还大多擅长医术，汤若望也精于此道，在贵族向他求医时，一方面悉心治病，另一方面传播教义。这一手法果然奏效，汤若望不仅给孝庄皇太后治好了病，还给顺治皇帝的未婚皇后博尔济吉特氏治好了病。孝庄皇太后非常感谢他，拜汤若望为教父，还请他参加顺治皇帝的大婚典礼。而年轻的顺治皇帝也对他极其崇拜，称呼他为“玛法”！到后来甚至下诏允许他“随意出入朝中，凡有启奏，俱准迳入内庭，不循常例”。

“玛法”一词满语意为“祖”（爷爷）“老翁”或“长老”，而顺治皇帝称外国传教士汤若望为“玛法”，是尊称，并没有称汤为“爷爷”。陈垣教授曾提到康熙帝称汤若望为爷爷，以后美国研究中国的专家费正清和费绍尔两教授也引用了这一说法，其实是翻译中的误会。

此后，根据费赖之的《在华耶稣会士列传及书目》记载，在顺治皇帝的特许下，汤若望可以自由地出入宫禁，无论是顺治在寝宫还是在太后住所，都无须太监通报，径直来到皇帝身边。考虑到汤若望已经年近花甲，顺治不仅免除了他在觐见时的三跪九叩的礼节，而且在举行庆典或者接见外国使节时，还在御座附近设置一把软椅，即使去南苑行猎，也会给汤若望准备一个貂皮褥子作为下榻。

根据魏特的《汤若望传》记载，顺治皇帝曾经 24 次到汤若望所在的宣武门的住所——南堂。少年天子在那里可以摆脱宫禁的束缚，有时爬到树上去摘果子；有时一边品尝着从欧洲带来的葡萄酒，一边同神父探讨帝王是否也应该遵守天主的“十诫”。受到汉族传统文化教育的顺治皇帝，亦会以“天行有常，不为尧存，不为桀亡”等对汤若望所极力宣扬的教义提出质疑。汤若望的南堂给顺治皇帝提供了一个比较自由的空间，顺治的 20 岁大寿就是在南堂度过的，汤若望为此特地准备了 13 桌筵席。

汤若望比顺治整整年长 46 岁，年龄的悬殊并未形成“代沟”。汤若望凭借着自己的学识阅历洞察到顺治孤独而自尊的内心，“凡是能使皇帝觉得可羞耻的事情，他都是秘密地在四只眼睛之下向他进言的”，把批评规劝局限在两个人的范围内，不伤年轻皇帝的面子，而在言辞上又避免过激，注意因势利导。顺治皇帝曾万分感慨地对身边的大臣言道：汤若望的“疏奏语皆慈祥，读之不觉泪下”。

1654年，顺治皇帝按照汤若望的请求，把靠近利玛窦墓地西部的一块地产赐给汤若望作墓地。1660年，耶稣会传教士、德国人汤若望在中国大清皇帝顺治赐予他的茔地上建立了一座圣母小教堂。

第五章 皇宫内外

一个太后

在清史当中，谈到女性，孝庄太后都是一个绕不开的话题。这个女人可以说是神一样的存在，她的一生经历了四代帝王，分别是努尔哈赤、皇太极、顺治以及康熙。前清的每一个时期，她都曾发挥过非常大的影响力。其中，对自己儿子顺治皇帝福临一生的影响，可谓是深刻至极。

尽管她在错综复杂的宫廷争斗中，帮助自己的儿子登上皇位，改变了儿子的命运，可是在母子关系的处理上却略显失败。无论是选妃立后，还是在关于董鄂妃的问题上，他们之间的矛盾一步步地加深，最终到了无法调和的境地。作为一位母亲，在儿子的婚姻方面干涉太多，确实有些不应该。可当我们考虑到她当时所处的位置，就又会对她多几分理解。

皇宫内外，有太多的利益需要平衡，为了清王朝的稳固，一些牺牲不可避免，她在牺牲儿子的婚姻幸福的同时，当然也牺牲了母子之间的亲情，对于一个母亲来讲，又怎能说不痛心呢?

在顺治弥留之际，她力排众议，选择玄烨为王朝继承人，使得政权交接实现了平稳过渡。后来的历史也证明了孝庄太后在政治上的远见卓识。

培养出两代帝王

孝庄对自己的孙子康熙的培养，与其对儿子顺治的教育相比，要成功得多。虽说儿孙都是至亲，但康熙与孝庄的感情要远远超过顺治与他母亲的感情。在康熙即位之前，孝庄就对康熙喜爱有加，一直对他进行精心的栽培。

康熙小时候经常不在宫内，因为要出去躲避痘症。十岁那年，自己的亲生母亲佟佳氏又与世长辞，“父母膝下，未得一日承欢”。这时，孝庄太后的爱成了他唯一的慰藉，祖母的爱填补着他心灵上的空白，祖母也成了他在这个世界上最亲的人。这种感情是没有办法衡量的，随着年龄的增长，就越来越珍视这份情感。

孝庄太后，除了给幼小的康熙无限的关心与爱护，更重要的是对这位孙子的教育问题十分重视，一开始就进行严格的训练，培养其优秀的品质和良好的习惯。孝庄自身对康熙的影响也是潜移默化的，她喜好研读史书，康熙也跟着对读书产生了浓厚的兴趣，并将读书的习惯坚持了一生。

无论是数九寒冬，还是酷热仲夏，康熙都刻苦读书，日日夜夜，达到了废寝忘食的地步。每当他捧起一本书时，整个世界都似乎与他无关，周围的一切都被忘却了。而且他的阅读速度极快，一目十行，过目难忘，效率特别高。康熙帝对读书的痴迷以及他这种玩命的姿态，让保姆对他的身体有些担心，毕竟还只是个十多岁的小孩子，于是就把他的书给藏起来，康熙发现之后立刻就会索要，然后继续把自己陷进书山里。

对于孙儿如此勤奋的学习态度，孝庄既欣慰又心疼。欣慰这孩子将来必定博学多才，心疼一个孩子从小就要吃这么多苦。孝庄曾经喜忧参半地责备小康熙道：“堂堂天子怎么能像你如此这般，完全是一个苦读书生的模样！”

在祖母的悉心教导之下，康熙从小就养成一丝不苟的学习品质。他把“知之为知之，不知为不知，是知也”作为自己的座右铭。读书时“间有一字未明，必加寻绎，务至明惬于心而后已”。

孝庄太后对康熙的培养不仅着眼于大处，对其生活中的细微之处也十分重视，并根据这些不同的情况做出相应的教育方针和策略。

幼时康熙的保姆有吸烟习惯，小孩子的模仿能力太强，康熙很快也染上了这一恶习。经过祖母的谆谆教诲，康熙很快认识到了吸烟的危害，果断地戒了烟。在他当政之后，发布禁止吸烟的条律，并经常规劝自己身边的人以及王公大臣要远离这种嗜好。

孝庄对康熙充满着期望。即皇帝位只是第一步，巩固帝位，振兴大清王朝大业才是最终目的。孝庄太后在诸多具体政务上都对康熙有着指导，使他治国安邦的能力不断地增强。

同时孝庄太后的远见开明不只如此，康熙除了日常练习弓箭马术骑射的传统技艺外，还把西方传教士带来的西洋火器的使用和学习当作必修课。作为马背上的民族，懂得对新技术的接纳追求，是难能可贵的。

康熙能够成为千古一帝的英明君主，与孝庄的关怀和教育是密不可分的。康熙也曾这样评价过自己的祖母：“忆自弱龄，早失怙恃，趋承祖母膝下三十余年，鞠养教诲，以致有成。设无祖母太皇太后，断不能有今日成立。”

授之以渔

同样是辅佐幼年皇帝，孝庄太后的手法要比诸葛亮高明得多，说起来诸葛亮辅佐刘备遗孤刘禅，那真是鞠躬尽瘁，死而后已，唯恐辜负了先帝的信任与期望，在治理国政时，亲自上手，不容半点儿松懈，竟然忘了教那个扶不起的阿斗实际的治国方针策略。等到诸葛亮累死的那一刻，蜀国离灭亡也就不远了。

孝庄在这一方面的分寸则把握得恰到好处，她言传身教，在政治实践中使康熙逐渐锻炼成熟，又在关键时刻及时给予康熙鼓励和支持。康熙的人格和才能，就是在孝庄太后的呵护下一点点地塑造起来的，只有这样，他才能有实力去应对以后的各种挑战，康熙王朝的奠基工作一定有孝庄的一份力。

孝庄因为有之前顺治帝所留下的教训，在康熙的后宫问题上，她处理得也十分到位。康熙的婚事由她一手操办，选出的几位皇后既对皇权的巩固起到了积极作用，又没有给康熙造成负担，让其不为情所困，安心地创造自己的盛世。由此看来，家事安稳，对事业的发展还是很有利的。

小身份大作为

除了对自己的孙儿用心爱护，孝庄对待身边的人也十分友善。在人们印象中，皇太后应该是高高在上、遥不可及的，可是贵为太后的孝庄却与一位侍女有着一段特殊的情谊。

那位侍女就是历史上著名的苏麻喇姑，要说与孝庄相处最久且最贴心的人，恐怕除了她就没别人了。苏麻喇姑与孝庄形影不离六十多年，死后也葬在离孝庄陵墓不远的地方，可谓是生死相依。

孝庄平日里称苏麻喇姑为格格，格格是满洲贵族小姐的称呼。而康熙更是叫苏麻喇姑“额涅”“额娘”，意思就是母亲。皇宫里的众人，都叫苏麻喇姑祖母。确切地说，孝庄太后与苏麻喇姑的关系并不是主仆，她们两个更像是亲人和挚友。

苏麻喇姑与孝庄一样，都是蒙古族人。她出身贫寒，生于科尔沁草原上的一个牧民家里。原名为苏墨尔或苏茉儿，是蒙语的音译，意思为“袋子”，后改名为苏麻喇，意思是“半大口袋”。

1625年，即后金天命十年，孝庄，当时的布木布泰已经长得十分出众，虽然仅有十三岁，但因为平时的饮食习惯，发育得非常快，所以此时的布木布泰已容颜娇美，极为标致动人。就在这一年，由于她的姑姑长时间不能生育，科尔沁将孝庄送到了盛京。

布木布泰带着她的嫁妆和部族的期待，嫁给了她的姑父，后金首领努尔哈赤的皇八子皇太极。此时，作为孝庄贴身侍女的苏麻喇姑，自然而然地也随嫁到了盛京。

顺治元年，也就是1644年，清军入关。苏麻喇姑跟随已经被尊为皇太后的孝庄来到北京，入住富丽堂皇的紫禁城。

苏麻喇姑心灵手巧，在衣服的裁剪方面很有造诣。她做出的衣服，既美观，又十分舒适，深受人们的喜爱。她也因此参与设计了清初衣冠饰样，清朝的许多服饰都透露着苏麻喇姑的聪明才智。她所设计的旗袍，将东方女性的魅力气质展现得淋漓尽致，直到今天还受到众多女性的青睐。

由于从小生活在草原，苏麻喇姑的骑术也十分精湛，每当替孝庄到宫外面办事情，她都是骑马而行，令人赞叹。

同时，苏麻喇姑的满文基础也很好，字迹优美。宫中上下都对她的才能感到十分的佩服，这大概也是她深受孝庄信任和喜爱的一个重要原因。顺治驾崩之后，康熙被接到孝庄的慈宁宫来照看，苏麻喇姑就变成了康熙的启蒙老师，开始教他满文。从现有的史料中，我们发现康熙帝的满文字体大气舒展，这与他自己的刻苦练习不无关系，但与苏麻喇姑的悉心指导也是分不开的。

孝庄太后每日需要处理的宫中事务繁多，许多康熙帝的教育工作都由苏麻喇姑来负责，他的习惯作风，都需要苏麻喇姑的帮助才能有效地确立养成。

在苏麻喇姑无微不至的照顾下，康熙的身心得到了健康的发展，为以后几十载的执政生涯打下了良好基础。

皇太极去世之后，正值青春的孝庄失去了依靠，还好有苏麻喇姑陪她走过了这段艰难的岁月。

康熙二十六年十二月（1688 年 1 月），孝庄太后因病去世。一生当中大部分时间都在她身边度过的苏麻喇姑，精神上受到了极大的打击。悲伤和孤独把她包裹起来。这时的苏麻喇姑已经七十多岁，一个风烛残年的老人，失去了往日的心灵依靠，健康状况也越来越差。

与苏麻喇姑有着深情厚谊的康熙帝十分明白，如果这样下去，这位老人的生命也将很快走向终结。为了让她能从这巨大的悲伤中走出来，康熙帝想尽了办法。最终决定，让苏麻喇姑去抚养皇十二子胤祹。

苏麻喇姑理解康熙帝的意图，她不得不让自己坚强起来，不辜负皇帝的期望，好好地教养这个皇子。皇十二子胤祹在苏麻喇姑的悉心教导下，逐渐成才。

可能由于目睹了太多的宫廷斗争，她已经看透了许多事情。也正因为如此，由她抚养大的胤祹是唯一一个没有被牵扯进皇位争夺的孩子。

这位皇十二子胤祹无论是在康熙朝还是雍正朝，都受到重用。苏麻喇姑的教育让他得到了保全，这不失为一种大智慧。

康熙四十四年（1705 年）八月末，苏麻喇姑最终还是病倒了，远在塞外的康熙得知这个消息后，焦急万分，指示自己的儿子们要想尽一切办法，挽留她的性命。可是再多的灵丹草药和再高明的太医都没能挡住九十岁高龄的苏麻喇姑离世的脚步。

九月初七，苏麻喇姑与世长辞。

康熙为了再看自己额娘一眼，两次降语保留苏麻喇姑的遗体，为了报答她对清皇室的恩情，决定按嫔礼对其下葬。

由苏麻喇姑亲手抚养长大的皇十二子胤裪，上奏康熙："姑妈自幼将我养育，我并未能报答即如此矣，我愿住守数日，百日内供饭，三七诵经。"一朝皇子给一个曾经的侍者供饭，这是令人难以想象的事情，绝对可以说是一段传奇。

节俭与身份无关

孝庄太后待人之善，有目共睹，让人们意想不到的是，她的生活也十分俭朴。并不是清朝的每一个太后都像叶赫那拉氏那样奢靡无度，孝庄的节省风格与慈禧太后是有着天大的差别的。

皇宫贵族使用银器是司空见惯的。孝庄太后所出生的蒙古贵族也有这种传统。但她平日使用的银器，因为用久了，磨损严重，她都舍不得换新的。满文档案中有这样的记载："慈宁宫饭房用银大碗二、大盘十、平常碟子七、碗二、杓子二、盆子一、小瓶一、匙子二，焊接修理此等器皿崩缺之处增添银一两三钱七分。"即使器具坏了，也修理之后继续用。真是新三年旧三年，缝缝补补又三年。看来节俭真与身份无关。

更令人感到惊讶的是，孝庄太后一生当中都没有造过一处园林。她一生的住所也只有慈宁宫那五间殿房。

她一生生活俭朴，把省下来的钱，不是赈济灾区，就是犒劳将士，毫不吝啬。在节俭这一方面，她做出了很好的表率，也难怪顺治帝的节俭作风，同样名声在外。

按照孝庄的遗言，她并未与皇太极夫妻合葬，下葬的日期一拖就是38年，直到康熙逝世，雍正即位，到雍正三年（1725年）的时候，雍正才匆忙将孝庄太后葬于关内盛京往西的昭西陵。

一代传奇孝庄太后最终入土为安，然而，黄土之上，几百年来，人们对她的各种猜想和评价从未停止，每个人心里都有一个她的形象，可是在我们看来，抛却她在政治上的那些功业，真实的孝庄终究是一个有血有肉的普通女人。

四位皇后

顺治皇帝一生当中有过四个皇后，这四位皇后的出身不同，最终也有着不同的命运。

博尔济吉特氏

他的第一位皇后，博尔济吉特氏，是科尔沁部人，蒙古亲王的女儿，也是顺治母亲布木布泰的侄女，算下来是顺治的表亲。

在中国古代，这种亲上加亲的关系，十分常见。更何况，孝庄恪守着努尔哈赤以来蒙满联姻的传统，把顺治的这门婚事，当作是巩固自己家族地位的一个重要机会。

顺治八年（1651 年）正月十七，也就是顺治亲政大典后的第五天，他的亲舅舅也就是准岳父科尔沁国卓礼克图亲王吴克善，护送着自己的女儿来到北京与顺治成婚。

据当时在中国的洋人描述，新娘是“在全部军队和无数骑兵的陪同下到来的”，队伍从大清门进入，经过天安门、端午门、太和门等各道中门，然后皇后才被抬进了紫禁城乾清门，入坤宁宫，礼节之隆重，可见双方都对这次婚礼十分重视。

可就在这个节骨眼上，顺治却以时间不当为理由推迟婚礼，这实在是说不过去的。当时整个宫中的气氛都变得十分尴尬，没想到这门婚事一开始就这么不顺利，后来它的结果不尽如人意也在意料之中了。

虽然是万人之上的帝王，但是面对这种政治婚姻，往往也是无可奈何，无能为力的。好多时候，他们并没有自己的选择权，但历朝历代也都把这个传统沿袭下来。顺治之所以如此强烈地拒绝这段婚姻，也是有原因的。

因为这门亲事，是睿亲王在顺治很小的时候给他订下的，并不合他的本来意愿。与其说是对婚姻的抵触，不如说是对多尔衮的积怨太深。顺治帝因为对这位摄政王有着很大的意见，所以只要跟他有关的事情，在心底都会有一种排斥感产生，这件事当然也不例外。

此时最无辜的可能就是这位皇后了——盛装出席自己的婚礼，发现新郎却不要你。她不得不委屈地暂住在孝庄太后的后宫当中，等待着顺治回心转意。

如此任性的顺治，要改变自己的心意是很难的。就这样僵持了好几个月，突然有一天，清宫当中热闹了起来，一场盛大的皇家婚礼隆重举行。

当年八月十二日，先遣官祭告天地、太庙，第二天再“册立科尔沁国卓礼克图亲王吴克善女为皇后”，也算是挽回了之前的面子。

顺治的态度发生一百八十度的转变，其原因也不难理解。母亲对他的压力可想而知，自己的亲侄女被嫌弃，无疑是打自己的老脸。而婚姻背后的政治因素，也是不得不考虑的。当时的清王朝的统治还不稳固，需要得

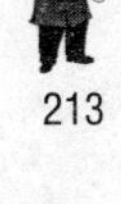

到蒙古部落的支持。所以最终顺治咬着牙也要把这门婚结了。

再说这位远道而来的蒙古公主，忍辱负重几个月之后，狠狠地风光了一把，被肃穆隆重地册封为皇后。可仪式一结束，就又被撂在了一旁。

说起来这位皇后，长相也是十分出色的，而且脑袋比较灵光，“足称佳丽，亦极巧慧”。可最大的问题是，双方根本就没有共同语言。

顺治帝感兴趣的诗词歌赋以及禅道等，对于这位来自科尔沁的皇后来说，就像天书一般，她压根儿就不会汉语。两个人怎么能聊到一块儿呢。顺治帝曾经很直白地说过，他这位“美而惠”的皇后“自册立之始，即与朕意志不协”。

还有一点，这位皇后生活极度奢靡，服饰用品都要带珠玉绮绣的，吃饭时若不用金碗，就会不高兴。要知道顺治帝的俭朴是出了名的，碰上这样一个“败家子”又怎么能忍受呢？

最要命的是，这位皇后的人品也有问题。她生性妒忌，“处心弗端”，见到“貌少妍者即憎恶，欲置之死”。说白了，就是看见比她好看的，她就想把人家杀了。她的心胸狭隘，猜忌心重，对皇帝的一举一动都猜疑防备，于是顺治帝一怒之下，就和这位皇后分居了。

双方的矛盾不断扩大，婚姻也名存实亡，顺治也在等待时机，来结束这段痛苦。

顺治十年（1653 年）八月二十四日，也就是在他大婚的第三年，顺治帝决定废后。这个惊世骇俗的举动，立刻就在皇宫内外引起了轩然大波。满朝文武，各种遗老遗少都站出来说，皇帝你这样做，是不符合古法的，皇后又没有做出什么大逆不道的行为，废掉她是没有道理的。总之，各种站着说话不腰疼的劝谏，让顺治大为恼火。

他的母亲对于这个决定肯定也是不支持的。无论是为了维护自己亲侄女的立场，还是关乎满蒙关系，废除皇后的要求她都不能答应。

可顺治固执己见，再加上“含忍久之，郁慊成疾”，因为忍了太久，身体病得不行了。孝庄太后见自己的儿子如此这般，总不能因为一门婚事，把儿子性命给葬送掉吧。最终默许了顺治废除皇后的要求。

顺治十年八月二十五日，顺治的第一位皇后“降为静妃，改居侧宫”。从此，静妃终生与冷宫相伴，再无出头之日。

孝惠章皇后

顺治的第二位皇后，孝惠章皇后，也是“母亲给他的一件礼物”。这也是一次不折不扣的政治联姻。孝庄太后为了维护蒙古贵族在宫中的特殊地位以及大清帝国的稳固，再一次从蒙古科尔沁草原上为自己的儿子寻找下一任妻子。

这位新晋皇后，恰恰是上一个被废皇后的表侄女。对顺治来讲，生活的确充满了各种意料之中的意外跟惊喜。

考虑到之前婚姻的失败教训，孝庄太后在为自己儿子选皇后时，也是煞费苦心。她挑选的这位女子，性格淳朴忠厚，温驯可人，品行端正，这样顺治也就没有毛病可挑了。

可谁会想到，这样一位贤良的妻子，在入宫受封之后，也立刻被顺治丢到了脑后，看都不会看上一眼，年仅十四岁的小皇后，就在这样的冷暴力中，开始了自己的婚姻生活。

顺治十五年（1658 年）正月，这位任性的皇帝在自己的母亲生病之际，一言不合又要废除皇后。无论如何，孝庄是万万不能再让顺治得逞的，她拖着病体，进行了坚决的抵制。母命难为，这场闹剧才最终平息。

与自己的表姑相比，这位孝惠章皇后的命运要好很多。逃过了被废黜的厄运，安稳地度过了余生。

孝献端敬皇后

顺治的第三位皇后，孝献端敬皇后，就是历史上非常有名的董鄂妃。

关于董鄂妃的身世，有好多种说法。

清史中有这样的记载，说董鄂妃是内大臣鄂硕的女儿。鄂硕属于满洲正白旗，战功赫赫，被赐予世袭子爵。

董鄂妃生于清崇德四年（1639年），在那个时代是盛行早婚的，一般的结婚年龄在13岁，董鄂妃只比顺治小1岁，为什么要迟到18岁才进入宫中。更何况，18岁，已经远远超过了入宫待选的年龄。

对于她的身世，清代官方正史一直都是讳莫如深的，也就导致了其他的许多猜想。

董鄂妃原来是顺治皇帝的弟弟博果尔的媳妇。之后的事情是让我们很多人都没想到的，顺治皇帝的弟媳妇居然跟顺治皇帝产生了深厚的感情。那么后面传啊传啊，有很多人把董鄂妃和董小宛说成了一个人。

其实，董小宛与董鄂妃并不是一个人，董小宛比顺治大14岁。人家是秦淮八艳之一，是一个风尘女子，顺治再恋也不会恋到一个风尘女子。

根据冒辟疆《影梅庵忆语》记载，董小宛原为江南名士冒辟疆之妾。江南名妓知书多艺，倾慕东林，如李香君与侯方域、柳如是与钱谦益、卞玉京与吴伟业、顾眉生与龚鼎孳，都是佳人配才子。冒辟疆初识董小宛在1639年，那一年董小宛15岁，顺治皇帝才1岁。1641年，冒辟疆又邂逅陈圆圆，称其“令人欲仙欲死”，于是疏远了董小宛。1642年，陈圆圆被周奎购京师，冒辟疆重逢董小宛。1643年，董小宛19岁，入冒辟疆家，为其妾。董小宛“却管弦，洗尽铅华，精学女红”，一心一意做良家妇女。1645年，董小宛21岁。清豫亲王多铎率军渡江，破南京。冒辟疆在逃难中患病，“此百五十日，姬仅卷一破席，横陈榻旁。寒则拥抱，热则披拂，痛则抚摸，或枕其身，或卫其足，或欠身起伏，为之左右翼”。董小宛辛苦侍疾，无微不至。1647年，董小宛23岁。冒辟疆再病，“勺水不入口者二十余日”。“姬当大火烁金时，不挥汗，不驱蚊，昼夜坐药炉旁，密伺余于枕边足畔六十昼夜”。董小宛二度侍疾。1649年，董小宛25岁。冒辟疆患病，董小宛三度侍疾。1651年，董小宛27岁，病死。在现在的江苏南通如皋县里面还有他们当年的故居。董小宛、冒辟疆的故居叫水绘园，也是一个旅游景点呢。

董小宛比顺治大14岁，同冒辟疆结婚9年未生育，并于1651年病死，所以董小宛即董鄂氏之说实属望风捕影，不能成立。

董鄂妃出生于1639年，自幼体弱多病。前面我们说过，董鄂妃原来是顺治皇帝的弟弟博果尔的媳妇。

后来顺治皇帝的弟弟博果尔死了，然后顺治皇帝把这个弟媳妇纳为自己的媳妇了。但是也有人说，是顺治皇帝生抢过来的。到底是怎么回事儿？

顺治皇帝生抢过来的说法，最早是谁说的呢？是汤若望。

在孝庄秘史里面，这个外国人汤若望既是顺治皇帝的师傅，也是康熙皇帝的师傅。所以他回国以后，写了一篇回忆录，在回忆录中他记载了这么一件事，但是他的回忆录里没有“博果尔”这个名字。

根据《汤若望传》的记载，原文是这样的：“顺治皇帝对于一位满籍军人之夫人，起了一种火热爱恋，当这一位军人因此申斥他的夫人时，他竟被对于他这申斥有所闻知的天子，亲手打了一个极怪异的耳刮子。这位军人于是乃因怨愤致死，或许竟是自杀而死。皇帝遂即将这位军人的未亡人收入宫中，封为贵妃。”

上文的意思是说，顺治皇帝对一位满籍军人的妻子产生了一种火热的恋情，结果这个事被满籍军人知道了。所以这个满籍军人回家肯定和自己老婆打架啊，打得天昏地暗。这个军人的妻子便跟顺治皇帝申诉，你看我因为你挨揍了。你说怎么办吧？结果顺治皇帝到了军前把这个军官拽过来劈头盖脸给了一巴掌。挨打以后，这个满籍军人很生气，一气之下就自杀了——也算是悲愤、郁闷而死吧——皇帝咱惹不起啊。然后，在这位军人死了一个月以后，顺治皇帝就把这个满籍军人的妻子纳为贵妃。

从这个记载当中，我们虽然能够感觉顺治皇帝挺霸道，但是这文章里面没有说这个满籍军人就是顺治皇帝的弟弟博果尔。

后来，著名的史学家陈垣在经过一番考证之后，得出了一个结论，这个满籍的军人就是顺治皇帝的弟弟博果尔。为什么呢？他说了是封为贵妃，我们查了一下贵妃里面来路不正的就只有董鄂妃。因此，陈垣教授经考证就认为这个董鄂妃就是原来顺治皇帝的弟弟博果尔的老婆。

不论如何，顺治都如愿以偿，把自己心爱的董鄂氏留在了身边。

顺治十三年（1656年）八月，董鄂妃就以“贤妃”的身份在宫中亮相。同年十二月，董鄂氏正式被册立为皇贵妃，并且大赦天下。要知道在他前两次册封皇后时，都没有大赦天下的诏令，可见董鄂妃在顺治心中的地位是多么独特。

这种异乎寻常的礼典，更像是顺治对自己母亲孝庄太后的宣战，他扬言要二次废后，改立董鄂妃！表面上看，这是顺治与孝庄之间在婚姻问题上的分歧，实际上是文化认同的差异。

顺治十分推崇汉族文化，而孝庄却表现得相对保守。在孝庄看来，推进汉化的步伐一定不能太急，满清入关留下的民族仇恨还未消除，国家的根基还未牢固，就必须靠与蒙古军队的联合来维护大清朝的统治。经过不断地联姻，蒙古族的权势越来越大。

顺治帝要废掉这个蒙古族皇后，摆明了是要直击以孝庄太后为首的蒙党，斗争逐渐变得异常激烈。

在宫廷内外的众多非议声中，董鄂妃的地位不断攀升，并且集万千宠爱于一身。这是一件令人艳羡的事，当然也会让人产生嫉妒，让她很快成为众矢之的。怎么说呢，能够承受多少爱，就要做好承受等量恨的准备。

身在宫中的董鄂妃，所面对的压力是来自多方面的。首先就是要处理好与孝庄太后以及皇后的关系；其次，妃嫔姻党，数量众多，关系更是盘根错节复杂到难以形容，从各种古装剧中，我们就可以看出，皇帝的后宫并不太平，整日钩心斗角、尔虞我诈，是那里的常态；最后不能忽视的一股势力来自太监大军，他们炙手可热，掌握了皇宫内部事务的一切大权。

身单力薄的董鄂妃并没有多少资本，她有的只不过是自己的聪明才智和皇帝的宠爱。

我们常说"伴君如伴虎"，可对董鄂妃来说是"伴婆如伴虎"。眼前更棘手的问题是，怎样处理好与太后之间的婆媳关系？

她虽然生得端庄秀丽，礼数、言行也十分得体，看似是无可挑剔的，可对从一开始就不喜欢她的孝庄太后来说，毛病是挑出来的，问题不是有没有，只是挑不挑的问题。

在中国古代的婆媳关系里，由于礼法的限制，媳妇往往处于弱势地位，一般都是婆婆看不上媳妇，而媳妇瞧不上婆婆的例子却是很难寻觅。

董鄂妃的贤良淑德，并不是口说无凭。她"伺皇太后，奉养甚至，伺颜色如子女，左右趋走，无异女侍"，也就是说，她像个下人一样好生伺候着自己的婆婆。

而顺治帝每年都要去南苑离宫避痘，没有丈夫在身边的日子里，董鄂妃更是如履薄冰，非常谨慎。

从一件事中可以看出董鄂妃的胸襟与气度。那就是在她刚刚被册封为

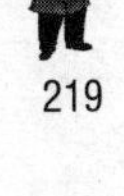

皇贵妃不久，孝惠皇后可能对这件事非常不爽，由心病导致了一场大病。董鄂妃亲临病榻，每天都无微不至地照顾，侍奉汤药，皇后痊愈后，她仍然十分关心。按理说，皇后病危，对她而言，是提高自己在宫中地位的一个很好机会，可善良的董鄂妃并没有狭隘到如此地步，可以看出来，她与一般的后宫佳丽相比，境界高出一大截。

独得圣上恩宠的董鄂妃，并没有表现得飞扬跋扈、矫揉造作。她十分清楚自己所处的形势，深宫中，众目睽睽之下，人多嘴杂，自己的行为稍有不慎，就会落下话柄，引起祸端。她平日衣着朴素，“绝去华彩，即簪珥之属不用金玉，惟以骨角者充饰品”，可能是浑然天成，把自然美表现得淋漓尽致。

她对待身边的人也十分友善有礼。“故凡见者，蔑不欢悦，蔼然相视。”她办理起后宫事务来，也是尽心尽力，赢得了许多赞誉。

在与各种势力斡旋斗争中得来的爱情，是如此不易，所以二人倍加珍惜。

他们整日相濡以沫，形影不离，董鄂妃总是亲自安排顺治的饮食起居。当皇帝饮酒过量时，她更是整夜服侍，嘘寒问暖，所有小事都一一过问，照顾得可谓是细致入微事无巨细。

与许多沉迷于爱情当中，而荒废朝政的皇帝不同，顺治在这一时期非常勤奋，每每批阅奏章到深夜时分，董鄂妃常常相伴身边，展卷研墨，伺奉茶水。每到顺治心烦意乱之时，她都会上前轻声劝慰，有时还会一同参与阅章，举止言行的分寸把握得恰到好处。

董鄂妃与顺治之间的感情，不同于那些卿卿我我的小夫妻，董鄂妃更像是一个贤内助，同时也是顺治的精神支柱。对于朝廷内外诸多的矛盾，耿直的顺治往往处理得非常草率，这时就需要有人出来调和，董鄂妃就扮演了这样一个角色。在她的劝诫下，皇帝与大臣们的关系更加和谐，朝政更加清明。

董鄂妃无论是在生活还是事业上，都对顺治帝产生了很大的影响，她甚至改变了其冷酷的性格，让顺治对生活又有了热情和信心。

他们的爱情之火越烧越旺，却没人察觉到其中蕴含的危机。

顺治十四年（1657 年）十月初七，承乾宫内传来了喜讯，董鄂妃为顺治帝生下了一个皇子，顺治满心欢喜。他有意借此将董鄂妃扶为正宫，于是又提出了废后的议题，可事情哪有那么顺利。

也许是这件事彻底激怒了孝庄太后，就有了后面的剧情。

孝庄太后在董鄂妃产后不久，就向外发出了自己身体不好的消息，此时还在月子里的董鄂妃不得不前去侍奉，本身自己身体在产后就变得更加孱弱，还要每天耗费如此大的精力，董鄂妃变得“容瘁身癯，形销骨立”，身体每况愈下。

顺治这一次，很难再有胜算。皇后没有废掉，几个月后，新生的皇四子便不明不白地死去了。遭受沉重打击的董鄂妃，失去了爱子，能维持她生命的，也只有与顺治的爱情了。可仅仅 3 年之后，董鄂妃没能扛过这巨大的伤痛，于顺治十七年八月十九日，在承乾宫内离世，年仅 22 岁。

美梦破碎，悲剧降临，顺治皇帝心灰意冷，至死都没有走出这悲伤之情。

孝康章皇后

顺治的第四位皇后，孝康章皇后，佟佳氏，是少保都统佟图赖的女儿。其家佟氏本来是汉军，清世祖命将佟佳氏改入满族，是这个家族入满洲旗的开始。

顺治十一年（1654年）三月，佟佳氏生皇三子玄烨，即康熙皇帝。她在清宫历史上的戏份不多，算是与世无争的角色，只可惜命薄寿短，在儿子康熙登基的第二年，她就辞世了。

纵观顺治的四位皇后，没有能说得上是善始善终的，皇家的婚事注定要掺杂许多其他因素，爱情悲剧，不可避免。

诸多子女

顺治皇帝一生短暂，二十四年的生涯中，有过八个儿子、六个女儿。与自己的父亲皇太极的十一个儿子、十四个女儿的数量自然是不能比，比起自己的儿子玄烨的三十五个儿子、二十个女儿，更是相形见绌。可话又说回来，那二位都是活到五六十岁的主儿，单论生育效率，顺治皇帝还是拿得出手的。

虽说都生了这么多，可是最终能活下来多少得另说。古代的医疗条件有限，再加上近亲结婚等原因，即使是在帝王之家，婴儿的存活率也不是能打保票的。在皇太极时期，子女的早夭率在百分之二十左右；顺治时期是百分之四十多；到了康熙时期，早夭率更是高达百分之五十。也就是说，生两个，就会死一个，想想还是挺可怕的——两个出生的皇子，谁敢保证自己不是那另外的二分之一呢？

躲过了早夭的这一关，能活下去的自然就是天选之子，就可以好好享受这大清的壮丽山河了。“王侯将相，宁有种乎？”这句话本身没有错，可在那个年代，生在帝王家，就是真的很有种的！有种归有种，可是最有种的最终也只能是一个。那就是谁能够继承皇位，一个人独享这大清的壮丽山河。

八子六女

下面我先简单地介绍一下顺治皇帝的子女构成：

皇长子爱新觉罗·牛钮，生母是庶妃巴氏，即笔什赫额捏福晋。生于顺治八年（1651 年）十一月初一，死于顺治九年（1652 年）正月三十日，仅仅活了 89 天。

皇二子爱新觉罗·福全，生母为宁悫妃董鄂氏，时为妃。生于顺治十年癸巳七月十七日丑时，康熙四十二年（1702 年）六月二十六日卒，康熙六年（1667 年），封裕亲王。

皇三子爱新觉罗·玄烨，生母是孝康章皇后佟佳氏，顺治十一年三月十八日生，康熙六十一年十一月十三日薨。

皇四子，生母为孝献皇后董鄂氏，顺治十四年十月初七生，十五年正月二十四日而殇，仅仅活了三个多月。

皇五子爱新觉罗·常宁，生母是庶妃陈氏，生于顺治十四年十一月，康熙四十二年六月初七卒。康熙十年封恭亲王。

皇六子爱新觉罗·奇绶，生母为庶妃唐氏，即唐福晋。生于顺治十六年十一月，康熙四年十一月初六殇。

皇七子爱新觉罗·隆禧，生母为庶妃钮氏，即牛福晋。生于顺治十七年四月，康熙十八年七月十五日卒。康熙十三年封为纯亲王。康熙十四年分给佐领。

皇八子爱新觉罗·永干，生母为庶妃穆克图氏，即塞母肯额捏福晋。

生于顺治十七年十二月，康熙六年十二月初二殇。

皇长女，生母为庶妃陈氏，顺治九年三月十五日生，顺治十年十月殇。

皇二女，生母为庶妃杨氏，封为和硕恭悫长公主，顺治十年十二月生，康熙二十四年十月卒。

皇三女，生母为庶妃巴氏，即笔什赫额捏福晋。顺治十年十二月十三日生，顺治十五年三月殇。

皇四女，生母为庶妃乌苏氏。顺治十一年十二月初二生，顺治十八年三月殇。

皇五女，生母为庶妃巴氏，即笔什赫额捏福晋。顺治十一年十二月二十日生，顺治十七年十二月殇。

皇六女，生母为庶妃那拉氏。顺治十四年十月初六生，顺治十八年二月殇。

以上就是顺治儿女的大概情况。那么，在这众多的子女中，谁才是那个幸运儿，能够“中头彩”呢？

谁能中头彩

在这些子女中，有可能继承皇位的，首先要把那些格格排除，剩下的几个儿子里，最早出生的大皇子爱新觉罗·牛钮按剧本来走，本可以名正言顺地接过顺治的皇位，可是他的剧本只写了 89 天就完结了，戏份自然没了。这时掐指算下来，爱新觉罗·福全就变成了长子，按照封建王朝的惯例，这位马上就可以晋升为大清王朝的男一号了。可是事与愿违，晋升为大哥的福全，最终还是没能干过自己的弟弟玄烨，剧本被生生地改写了。

为何在年龄上占优势的福全没有竞争过玄烨，肯定有其原因。其中最大的一个原因就是，福全没病。福全没病，这句话确实没有毛病。顺治弥留之际，除了皇长子牛钮和皇四子早夭外，还有六个儿子可供选择来继承皇位。其中年龄最大的即是皇二子爱新觉罗·福全（9岁），三子玄烨（8岁）。皇五子常宁5岁，皇六子奇绶3岁，皇七子隆禧和皇八子永干都只有2岁。这六个儿子没有一个成年的，也没有一个是顺治格外看得上眼的！（他最喜爱的儿子，也就是董鄂妃为他生的四皇子，早早离世了。）这时年岁最大的福全被选为继承人的概率是很大的，顺治也有过这个意愿，可是一个人的一番话，决定了这场继承人大戏的走向。这个人就是我们前面提到的洋人汤若望，顺治对汤若望十分信赖和敬重，将他认作自己的“寄父”，当他要到宫中叙谈时，无须宦官们的传唤，也革除觐见时的叩跪之礼，由此可见他的建议对顺治的决定会产生十分重要的影响。

顺治一时拿不定主意，所以就咨询汤若望的意见。其时顺治帝因得天花，而其时朝廷中只有汤若望一人知道天花所带来的后果，所以他就说一定要找一位得过天花的皇子来继皇位。顺治六个儿子中只有三子玄烨得过天花。玄烨两岁的时候，就被传染了天花，在清初，天花可谓是最恐怖的病症之一，一旦传染就必须被隔离起来。因此，年幼的玄烨被送出宫去哺育，最终居然病情转好，痘症消失了，可以说是福大命大。这恐怕也是历史上最经典的，因病改命的例子。

我们不得不承认，历史存在着这样或那样的戏剧性和偶然性，但从客观来看，福全或许真的就不适合当皇帝。在他小时候，顺治帝曾经问过福全的志向，他回答道：“愿为贤王。”从中我们就可以看出，他本身的性格就不太强势，没有想成为一个帝王的气魄。

而在后来的一次经典战役中，可以彻底地发现，福全的确很难成为一名合格的领导者。

康熙二十九年（1690 年），噶尔丹进犯内蒙古地区，康熙帝调集重兵，御驾亲征，准备在乌兰布通将葛尔丹所部全歼。这是一次周密的、准备十分充足的计划，康熙帝势在必得。可不幸的是，御驾亲征的康熙在半路病倒了，病情持续恶化，无奈只好返京，这进军的任务就交给了自己的哥哥裕亲王福全。

七月二十七日，葛尔丹抢先一步到达乌兰布通，占据了有利地形，在山坡上居高临下地修建了防御工事。这个防御工事是一个骆驼城，就是用上万只骆驼围在一起，卧在地上驮着箱子，箱子上覆盖用水浸过的毛毡，用来阻挡石头和枪炮。葛尔丹的士兵则躲在这屏障后面射箭开炮。这对清军来讲，是一个不小的挑战。

八月初一，激战开始。战斗从中午打到了晚上，异常惨烈，处于劣势地形的清军，伤亡十分惨重。战争残酷到皇帝的舅舅佟国纲在阵中牺牲。黄昏时分，清军付出了极大的代价才打开了一个突破口，冲了进去。狡猾的葛尔丹前晚在茫茫夜色中，逃到了乌兰布通山上。

康熙帝在回京的路上，收到了福全派人送来的捷报，他立即下令，让福全乘胜追击，务必全部消灭葛尔丹的残余。可是在康熙的命令还没有到达前线之前，葛尔丹就已经在众目睽睽之下安然离开了。其中的原因如下——

第二天天亮，福全集结部队，猛烈进攻乌兰布通山，葛尔丹占据有利地形，双方僵持不下。到了八月初四这天，葛尔丹派人到福全的大营议和。他请求清军停止进攻，自己愿意休战，并且保证绝对不会逃走，也不会再到处烧杀抢掠。

这种连小学生都能看出来的缓兵之计，竟然被“厚道”的福全给接纳了。他不顾将士们的反对，发布告示，同意了葛尔丹的休战请求，要求全军“暂止不击”。就在那天深夜，葛尔丹在夜幕的掩护下，逃之夭夭。在

逃亡的路上，葛尔丹竟然迎面碰上了康熙调来堵截他的骑兵部队，葛尔丹把福全发布的命令展示给他们看，这群士兵也是感到莫名其妙，不知如何是好。最终的结果是，葛尔丹的残部就这样大摇大摆地在清军的眼皮底下溜之大吉。为防止追击，他们还在草原上放起了大火，切断了清军追兵的道路。

就这样，康熙精心策划布置的一场志在必得的战役，以失败告终了。听到这个消息后，康熙大哭不止，他就这样被自己的亲兄弟给坑了。福全在问罪的过程中，也哭道："我复何言！"领了全部罪状。倒是很有担当！同他一同作战的，还有顺治的五皇子常宁，他也因没有追击穷敌被治罪，罢议政，且罚了三年的俸禄，所以确切地说来，福全是连续坑了两个兄弟。

从这件事之后，福全再也没有受到过重用，也在情理之中。也亏得他是皇帝的哥哥，要是别人犯了如此大的罪过，势必被杀好多次了！

很难想象，这样一个优柔寡断、妇人之仁的皇子做了大清的皇帝，那江山还会稳固吗？顺治应该也会在九泉之下为自己没有选择福全的那个决定感到欣慰吧！

再说大难不死、登上皇位的玄烨，也就是康熙帝，他后来所取得的治国成就也完全没有辜负顺治的一片苦心。

第六章 去世谜案

死于疾病

历朝历代的皇帝都有着不同的死法，方式不同，但有的死得明明白白，有的就死得扑朔迷离。

顺治皇帝6岁以少年天子执政，他改变多尔衮对西南农民和桂王的抗清力量一味镇压的政策为镇压与诱降相结合的政策，消除了西南抗清力量；对盘踞东南的郑成功抗清则实行海禁，郑成功最终被迫迁往台湾，全国得到统一。顺治皇帝拨乱反正，纠正了多尔衮的种种弊政，安定了民心，发展了生产，这样下去，顺治完全可以亲手创造一个盛世了。

可就在顺治十八年（1661年），正月初六这天，北京城还笼罩在一片新年的欢乐祥和里。然而此时此刻的紫禁城内，却看不出丝毫的节日气氛。深夜子时，从深宫当中传出一个举国震惊的消息。年仅二十四岁的顺治皇帝驾崩于养心殿。对于顺治皇帝的死亡，《清世祖实录》中记录得简单到不可思议——“丁巳夜子刻，上崩于养心殿”，仅仅就这十一个字！

短短十一个字

按说清朝史籍，对顺治皇帝的日常活动的记载是非常详细的。我们在清史稿中可以发现，光是记录顺治帝到南苑狩猎的情景，就记录了22次。

为什么顺治帝的日常活动能有如此详细的记载，而关乎一代帝王的生死大事，却只有十一个字？

您想想，“丁巳夜子刻，上崩于养心殿”这十一个字，关于顺治皇帝死亡的时间、地点，《清史稿》和《清世祖实录》都交代得特别清楚。但是，《清史稿》和《清世祖实录》就是没有交代顺治皇帝死亡的原因。

顺治皇帝的死亡原因能不引起人们的猜测吗？

因此，我们要讨论的就是：这个顺治皇帝是怎么死的？他死在什么时间？什么地点？因何而死？历史上就有了种种不同的说法。

其中一种是史学家比较倾向的观点，这个观点认为顺治皇帝实际上是死于天花。这种说法的最早提出人是孟森先生。孟森先生是著名的清史研究专家，是北京大学的终身教授，他在1937年去世。后来经过其他专家进一步考证，基本上确认了这一说法。

我们也找到了许多史料来佐证这一观点：

（一）张宸《青琱集·杂记》：“辛丑年正月，世祖皇帝宾天，予守制禁中，凡二十七日。先是正月初二日，上幸悯忠寺，观内珰吴良辅祝发。初四日，九卿大臣问安，始知上不豫；初五日又问安，见宫殿各门所悬门神对联尽去，一中贯向各大臣耳语，甚怆惶。初七晚，释刑狱，诸囚狱一空，传谕民间毋炒豆，毋燃灯，毋泼水，始知上疾为出痘。初八日……二鼓余，宣遗诏，凄风飒飒，云阴欲冻，气极幽惨，不自知其呜咽失声矣。”

（二）王熙《王文靖集·自撰年谱》中记载说：“辛丑（指顺治十八年），三十四岁。元旦，因不行庆贺礼，黎明入内，恭请圣安，召入养心殿，赐坐，赐茶而退。翌日，入内请安，晚始出。初三日，召入养心殿，上坐御榻，命至榻前讲论移时。是日，奉天语面谕者关系重大，并前此屡有面奏，及奉谕询问密封奏折，俱不敢载。……初六日，三鼓，奉召入养心殿，谕：‘朕患痘，势将不起，尔可详听朕言，速撰诏书，即就榻前书写。’恭聆天语，五内崩摧，泪不能止，奏对不成语。……遂出至乾清门下西围屏内撰拟，凡三次进览，三蒙钦定，日入时始完。至夜，圣驾宾天，泣血哀恸。……”

（三）《汤若望传》里也写到了顺治临死时的一些情况：“就像一切满洲人一样，甚至对于天花有一种极大的恐惧，因为就算是长大成人，这种病也可以要了他的性命。在宫内，特地侍奉着痘神，还设了庙坛。也许是因为他对这种病症的深深恐惧，他竟然真的染上了这种病症。在听到这个消息之后，远在宫外的汤若望立即赶回宫中，哭着请求能够见顺治帝一面。……顺治在得病的三天之后，在1661年2月5日到6日之前的夜里驾崩，终年还不满二十三岁。”

（四）《玉林国师年谱》中记载：“顺治十八年正月初三，中使马公二次奉旨至万善殿云：‘圣躬少安。’师集众展礼御赐金字楞严经，绕持大士名一千，为上保安。初四，李近侍言：‘圣躬不安之甚。’初七亥刻，驾崩。初八日，皇太后懿旨，请师率众即刻入宫，大行皇帝前说法。……二月初二，奉旨到景山，为世祖安位。……”

（五）《敕赐圆照茚溪森禅师语录》卷六佛事门记：辛丑二月初三日，钦差内总督满洲大人通议銮仪正堂董定邦奉世祖遗诏到圆照，召师进京举火，即日设世祖升遐位。……四月十六日，茚溪森奉旨至京，表贺康熙皇帝。过了几天，“诣世祖金棺材前秉炬”火化。同书卷二又记：火化时，茚溪森在景山寿皇殿“秉炬，曰：释迦涅槃，人天齐悟，先帝火化，更近一步。顾左右曰：大众会么，寿皇店前，官马大路，遂进炬”。

种种史料都指向了顺治帝的死因，那就是疾病。

天花可以说是清王室的传统疾病。对于当时的人们来讲，天花是一种不治之症，如果活下来了只能说你是侥幸——一般都会死掉的。

前面我们介绍过，董鄂妃郁郁寡欢，身体渐渐地不行了。后来突然间董鄂妃染上了天花，顺治皇帝这样一个大情圣肯定天天要去照顾董鄂妃。

结果顺治皇帝被传染上了天花！

关于顺治皇帝患天花导致死亡一事，前面的史料中有提到：清曾经禁止民间炒豆，此外还有更直接的证据是顺治皇帝病危时，翰林院清孝陵掌院学士王熙起草《遗诏》。他的《王熙自定年谱》把这件事情记载得很清楚。正月初二，顺治皇帝突然病倒，病情严重。第二天，召王熙到养心殿。初六子夜，又召王熙到养心殿，说："朕患痘，势将不起。尔可详听朕言，速撰诏书。"王熙退到干清门下西围屏内，根据顺治的意思撰写《遗诏》，写完一条，立即呈送。一天一夜，三次进览，三蒙钦定。《遗诏》到初七傍晚撰写与修改完毕。当夜，顺治就去世了。

顺治皇帝临终前说："祖制火浴，朕今留心禅理，须得秉炬法语……"

顺治皇帝死后被火化，由茆溪森和尚主持。二月初二，顺治梓宫移至景山寿皇殿，停放百日之后于四月十七日，由茆溪森和尚在景山寿王殿为顺治遗体秉炬火化。第二年五月，顺治的"宝宫"——骨灰坛，由辅政大臣等护送，与董鄂妃的"宝宫"（董鄂妃于死后"三七"火化）一同葬入遵化清孝陵。

顺治皇帝的尸体之所以会被火化，有两种原因：一是因当时满清入关才十几年，仍遵循满族故土先祖火化之旧俗；二是因顺治好佛，而僧人圆寂后需火化，故清廷为这位"行痴"皇帝举行了佛法所崇的火葬葬仪。

《康熙王朝》这部电视剧里面有一个镜头让我难以忘记！就是在顺治皇帝非得要出家的时候，孝庄皇太后给顺治皇帝下了毒！历史上有这种可

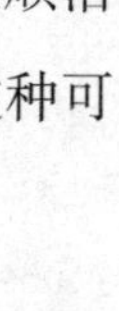

能没有呢？

完全没有！

顺治皇帝死了之后，按照孝庄皇太后的懿旨和顺治皇帝的遗嘱，由顺治皇帝年仅不足8岁的儿子爱新觉罗·玄烨继承皇位，年号康熙。

不可告人的秘密

由此，经过分析我们推断出，顺治患天花去世，这大概是最接近真相的答案。但既然是患病去世，属于正常死亡，清宫档案对死因的规避实在令人怀疑其中有什么不可告人的秘密。最让后人怀疑的还是那份遗诏，它的真实性也存在很大争议。

康熙朝有一位名医，曾经对天花的症状有过这样的描述。人得了天花之后，会引发高烧，陷入昏迷的状态，不省人事，甚至还有可能出现抽搐、胡言乱语的症状。既然顺治染上了天花，临死前就会陷入昏迷状态，顺治亲自口授遗诏的可能性就几乎为零。还有口授遗诏，列出自己的十四条罪状，甚至在短时间内，本身判断力都几近丧失的情况下，解决谁来继位和辅政大臣两大难题，这些事情是很难解释通的。

虽说根据记载，顺治的遗诏在他临死之前已经由本人审阅并最终定稿，然而遗诏是直到申时才公布的。比顺治的死亡时间整整延后了4个时辰，也就是8个小时，而且遗诏已经变成了罪己诏。

参与撰写遗诏的王熙，在遗诏公布之后，便把自己保存的所有同遗诏有关的文字记录删得干干净净，而且在其以后的生命中，对所有涉及的内容守口如瓶。

根据孟森先生考证“其间必有太后及诸王斟酌改定之情事”，用8个小时来修改这字数并不太多的诏书是绰绰有余的。

而对于那份所谓的罪己诏，我们也仔细研读一下，看看其中的蹊跷。在遗诏中，总共列出了顺治十四条罪状，大略如下：

（一）在用人方面，与自己的祖先努尔哈赤与皇太极的路线不一致，汉化严重，许多满洲的旧制度被改变，“以致国治未臻，民生未遂”。

（二）没有好好报答圣母皇太后布木布泰的养育之恩，孝道未尽。

（三）先于圣母离世，叫她白发人送黑发人，“反上廑圣母哀痛”。

（四）平日与自己宗室的王爷贝勒等少有接触，颁恩也很少，导致“情谊暌隔”。

（五）满洲八旗的各位大臣，并没有得到皇帝应有的信任，反倒是重用汉人文臣，致使“满臣无心任事，精力懈弛”。

（六）自己心高气傲，个性太强，不能虚心任用人才，使许多有用之人没能发挥作用。

（七）对一些品德有问题的大臣进行了姑息，没有及时地罢免辞去。

（八）国家的开支巨大，军饷不充足，而宫中却不知节制，肆意浪费，“厚几薄人，益上损下”，不该如此。

（九）大兴土木，建造宫殿楼宇，不识民间疾苦，缺乏自省。

（十）用情过度，有失礼法，董鄂妃的葬礼办得超标，过分隆重。

（十一）效仿明朝设立了太监的十三衙门，其弊端非常明显，却不引以为戒。

（十二）自己喜好休闲宁静，贪图安逸，与众臣子的互动太少，以致“上下情谊否塞”。

（十三）自恃聪明，不听旁人的谏言。

（十四）不能及时反省自己的过错，导致“过端日积，愆戾愈多”。

这罪己诏中的第十条，最容易引起人们的猜想，就是说到孝献端敬皇后董鄂氏，“端敬皇后于皇太后恪尽孝道，辅佐朕躬，内政聿修。朕仰奉慈纶，追念贤淑，丧祭典礼，过从优厚，未能以礼止情，诸事逾滥不经，朕之罪一也”。

把对董鄂氏的葬礼逾度写进罪己诏，这很难看成是顺治帝的本心，要知道，如此深爱董鄂妃，甚至愿意为她抛弃江山的顺治，在弥留之际怎会责备他的爱人。难道是传说中的因爱生恨吗？

这应该是一直都看不上董鄂妃的孝庄太后的真实想法才对。这一条着实反映了孝庄的不满，在她看来顺治如果不为了董鄂妃的死而伤感、劳神，又怎能会染上天花并英年早逝呢？

《清代名人传略·福临传》中也有这样的评论：“在这份以福临名义发布的遗诏，把福临装扮成因为有某些过失而写下罪己诏的人。例如，加予董鄂妃的那些破例的荣誉和为她的死而举行的奢侈的葬礼……可能是他的母亲孝庄皇后希望抬高她自己的侄女或侄孙女而强行加进去的。”

虽说这份遗诏中的许多话有一定的可信度，看起来像是顺治的真心遗言，但其中的争议部分，更是为他的死亡之谜蒙上了一层阴影。

顺治皇帝死于炮击的说法，是最近几年才提出来的，最早爆料的是《厦门晚报》。《厦门晚报》在2004年4月20日的头条报道了这种说法。说顺治皇帝是被郑成功的军队炮击而死的，就是说顺治皇帝成了郑成功的炮灰。

这种观点一经披露，就迅速波及了整个史学界，现在这种说法在史学界还存在很大的争议。

这种说法的首倡者是郑成功研究专家、厦门郑成功博物馆原副馆长张宗洽先生，其依据是最新发现的《延平王起义实录》。

石破天惊的文字

我先简单介绍一下背景材料：

根据历史记载，1660年5月，郑成功在南京打了败仗，退守厦门。清朝趁机派大将军达素集中广东、福建、浙江三省兵力攻打厦门郑成功的军队。经过激烈战斗，1661 年 2 月，海门、高崎、钟宅三路清军都被郑成功击退。

尽管没有任何正史提及顺治皇帝参与了此次军事行动，但这份名字叫作《延平王起义实录》的史料显示，顺治皇帝正是在这次战役中被炮击身亡。

这份史料是一本手抄本，是泉州南安的郑成功宗亲郑梦彪从郑氏后人手中得来的。由于手抄本年代久远，内容文字晦涩难懂，郑梦彪将复印件委托郑成功研究专家、厦门郑成功博物馆原副馆长张宗洽先生进行研究。张宗洽先生在研究的过程中，意外发现了两段直指顺治死于厦门的惊世之言。

在《延平王起义实录》中有这样两段石破天惊的文字。

其一为:“有人密启藩主以高崎之战伪帝顺治实在思明港被炮击没，达素秘密而不敢宣，及京中查无下落，召达素回京，达虏惧罪自杀。至是太子即位，宣顺治于正月崩者，伪虏之伎俩也。藩曰:余亦计之，但当时恍惚未敢再信。”

文中所说藩主就是郑成功。这段话意思就是:有人密报郑成功，顺治皇帝是在厦门的思明港被郑成功属下的大炮炮击而死，当时清朝的大将军达素不敢公开这一消息，但是惊动了朝廷。左等不来、右等不来这皇上哪儿去了？达素被召回京。当时达素不敢回京，畏罪自杀。天下大乱谁也找不着皇上了，后来太子即位，就是康熙。康熙即位以后宣布顺治皇帝驾崩，这是大清朝善用的伎俩。所以当时郑成功就说，自己开始也觉得有这么一个人，后来没敢相信。这是其中的一段最重要的材料。

其二为:“初，太师在京屡以书谕藩招抚。藩不肯，然虏顺治亦不之罪也。至是顺治崩，执政者与太师有隙，遂对虏太子谏以藩能击崩主父，我皇岂不能杀害其父乎。虏太子纳之，至是新即位而太师遂遇害。”

这段话的意思就是：郑成功的父亲郑芝龙投降清朝以后，几次写信给郑成功，劝郑成功投降，结果都以失败而告终。但是顺治皇帝不死心，所以每次都指示把郑芝龙软禁，企图通过郑芝龙招降郑成功。但是郑芝龙没有成功，顺治皇帝也没有将郑芝龙治罪，顺治皇帝死了以后，辅政大臣苏克萨哈——这个材料当中记载辅政大臣苏克萨哈与郑芝龙有仇——向新皇上康熙皇帝建议说，郑成功可以用炮来击毙我们的先皇，现在皇上您就不能处死郑成功的父亲吗？结果康熙皇帝一听，对啊，他把我爸爸打死了，我也把他的爸爸郑芝龙弄死。所以康熙皇帝就下令杀掉了郑芝龙。

此外，除了这两段直接证明顺治皇帝死因的文字，还有一段相关文字，也为以往郑成功研究资料中所未见。其文为："报伪朝顺治崩，太子即位，是为康熙。藩喜曰，伪朝大丧，且达素新败，虏必无暇南顾矣，我当速取公夷为根本地，然后再图北征。"张宗洽先生认为，这段文字解释了郑成功对攻台时机的选择，具有相当高的史学价值。

但解释历史讲究的是客观，顺治皇帝被郑成功军队炮击谜案需要我们进一步考证。

进一步考证

首先，我们要明白《延平王起义实录》是不能完全作为信史的。

在这儿，我们给大家简单介绍一下郑成功当时的有关背景。1660 年 5 月，那时候郑成功在南京打了败仗，然后退守到了厦门。那么这个时候清朝是派大将达素在广东、福建、浙江三省调集兵力然后到厦门攻打郑成功，经过激烈的战斗，不到一年，三路清军都被郑成功打退了。从战斗的角度上来讲，似乎郑成功当时是占上风的。但是在历史记载上，却没有提到这一次的战争。

问题就在这儿了！根据我的判断——我读了这段材料之后，觉得是很有问题的。不用说我读有问题，就连郑成功他本人读，不也有问题吗？他都觉得“恍惚未敢再信”——他都不相信，你说我能相信这段材料吗？

也就是说，《延平王起义实录》不能完全作为信史！上述所引的两段材料有很多方面的问题是可以质疑的。

其次，顺治皇帝御驾亲征的证据也很不充分。

从历史上记载来讲，顺治皇帝御驾亲征的事实是站不住脚的。

历史上没有顺治皇帝御驾亲征这样的证据。这两段材料讲顺治皇帝被炸弹炸死，他的前提条件就是顺治皇帝必须要御驾亲征。

顺治有没有可能御驾亲征呢？没有可能。理由主要有以下几个方面：

第一方面：达素率军南征可以，对郑成功作战可以。顺治皇帝御驾亲征这是不可能的！

前面清军入关以后，摄政王多尔衮当时面临着多少对手？李自成大顺政权、张献忠大西政权、前后五个南明政权等——那么多的政权、上百万的军队，人家摄政王多尔衮就坐镇北京，哪儿也没有去！郑成功区区几千人马——上百万军队，摄政王都不去、皇上都不去——就用手下的几个人对付。区区几千人马的时候，皇上亲征去了？

就是说从实力来讲是不可能的。

第二方面：从历史上记载来讲，如果出现顺治皇帝亲征，咱别说顺治皇帝亲征，如果出现顺治皇帝企图亲征这种想法的话，那就要引发争议了——很多人就要来劝了：那历史上满汉文武大臣就得连篇累牍地上书皇帝，您可不能去啊。这些奏折最后都要保留着。我们后人都可以从《清史稿》《清实录》《起居注》等材料里面看到。

但是，问题在于，《清史稿》《清实录》《起居注》都没有这个方面的记载！

再说了，那个时候的顺治皇帝刚刚才坐稳皇帝宝座——大清的江山还不算太稳的时候，哪敢离开北京啊？他那屁股一离开那椅子，指不定谁惦记着呢。

我们退一步讲，即使出现了顺治皇帝亲征的情况，也有很多问题需要解释。首先就是顺治皇帝战死战场的时间不对，这里有两个时间需要考证。

一个是关于达素南征的时间。达素南征的时间具体有两个：如果我们按照《清史稿》《清实录》里面的记载，那么达素亲征，达素率军南征不应该是在 1660 年，应该是在 1659 年，也就是顺治十六年七月，这个在《清世祖实录》里面有详细记载。七月八日——就是我们现在公历的 8 月——这一天顺治皇帝下命令达素南征。七月二十三日这一天，达素接到这个南征的命令之后，离开了北京还没有到南京的时候，郑成功就已经被当地的清军给打败了。

那个时候，达素还没有到达指定位置，他接到前面的喜报之后，心想：我没立功啊，这不成！所以他就下命令：追！他的军队就从江苏追到了浙江，结果在浙江连吃败仗。应该注意的是，如果我们按照《清史稿》《清世祖实录》的记载，这是在 1659 年 7 月。

也就是说，在这个时候，顺治皇帝就应该死了——从 1659 年 7 月到康熙即位 1661 年 2 月。一年半，国无二主，天无二日啊。

这是我们所说的时间不对——如果按照正史的记载来推算的话。如果按照我们所说的《延平王起义实录》里面的记载来算，日子也完全不对！

按照《延平王起义实录》来记载，那么达素率军南征应该是在 1660 年的四五月间，也就是说公历的五六月间。那也就是说这个炮毙的时间，就是郑成功大炮打死皇上应该在1660年四五月或者是五六月这个时间。那么从这时候到康熙即位又是8个月，8个月没皇上好像也难交代吧。

问题就在这儿，所以这里面我们就得查阅史料——达素南征的这段时间，顺治皇帝究竟在干些什么？

如果我们按照第一种时间的话，就得交代一下这一年半皇上的行踪。按照正史的说法，在1659年——所谓达素南征的时候，正史上说得非常清楚，顺治皇帝在外面打猎。在哪儿打猎？他在昌平打猎！而且不光是在昌平打猎，我们一定要清楚另外一个事，就是清朝的天下不是直接从明朝夺取的，清朝夺的是李自成大顺政权的天下，所以顺治皇帝入关以后下令每年都要给明朝的皇帝扫墓（祭明陵）。这个明十三陵，他要祭十二个。

他只祭祀十二个明朝皇帝——少一个。谁呢？明朝的万历皇帝——顺治皇帝认为，如果没有这个二十多年不理朝政，天天跟女人在一块厮混的明神宗万历皇帝，明朝绝不会灭亡。

如果按照正史我们前面推论的第一种来说，1659年达素南征这种说法，当时达素南征以后是七月南征，顺治是当年八月底出发，先走卢沟桥奔丰台，从丰台又折回昌平。绕了一圈，然后在当年的十二月十二日回到北京。

如果按照他的第二种说法，《延平王起实录》中记载的时间，那就更不对了。这八个月我们历史上也有大量的记载，达素是在四月或者五月南征，当时我们要注意顺治皇帝是在八月，他的妃子董鄂妃死的。他追封她为皇后，哭天抹泪，不上朝，闹出家，都在这一段时间。这历史上是非常明确的。

我们回头来再看看这段记载：因为顺治皇帝被炮轰死之后，达素大将军畏罪自杀这件事情。

这就更不可能了——达素怎么可能自杀呢？历史上没有达素自杀这回

事，但是达素打了败仗这事确实有。他觉得，我还没来人家就打胜仗，结果一来牛气哄哄转眼之间集合那么多部队打了败仗，大意轻敌。所以他也没敢密报这是真的，然后赶忙召集三省的军队，召集更多的人企图一鼓作气再打一次胜仗，结果又打败了。

达素屡战屡败这件事后来还是被皇上发现了，皇上召他回去。然后就处罚了他，要杀掉他。但是最终顺治皇帝还是没有杀达素。

因为达素有一个救命恩人——鳌拜！

作为达素的顶头上司，鳌拜就去给达素求情，让他官复原职了。此后达素就成为鳌拜的死党，后来康熙皇帝智擒鳌拜的时候，达素也被牵连了，七老八十的他挨了一百多鞭刑。

所以我们说，达素自杀没有这回事儿！

看来，我们没有找到达素自杀的证据。现在我们再看看康熙皇帝为报复郑成功而杀掉郑芝龙的说法。

康熙皇帝为报复郑成功而杀掉郑芝龙的说法是不太可能出现的——郑芝龙死是真死了。

首先我们要了解当初郑芝龙死的背景。如果按报复之说，那应该是康熙皇帝的父亲死了之后，康熙皇帝马上就会杀郑芝龙。因为郑成功的父亲郑芝龙在康熙皇帝的手里，郑成功的父亲应该死在 1661 年的二月——就是紧挨着顺治皇帝死之后。

但实际上，郑成功的父亲郑芝龙是死在 1661 年的十月！这期间，差了 9 个月时间！如果要报复，不可能让他延迟 9 个月的生命。那仇人的爹在那儿对自己是一种折磨啊！

但是为什么当初又在 1661 年的十月杀掉郑芝龙呢？是因为这时候郑芝龙对于大清王朝来说已经没有任何用处了。

因为郑成功在那个时候已经进占台湾了，招降的可能性已经不存在了。再把他父亲郑芝龙扣在手里也没什么用了。郑成功已经有台湾作为基地了。所以就想着重新打回来，其实打不回来也是割据台湾了。

说到这儿，我们知道，炮毙顺治皇帝并无其事，纯属无稽之谈，不可为信。

其实我们得分析这么一个事实，就像我们之前一再强调在历史记载当中会出现一些偏差或者断裂等这些问题，原因是什么？比如说内心的主观因素，别忘了这个《延平王起义实录》是郑氏家人家传下来的。而且是手抄本，所以这里面是会有一定的主观因素。

主要会有下面两个问题：

第一，在我们历史学界有这么一种考证的基本原则，叫孤证不立——一个证据再是真的都不可信。一个证据是不作数的，必须得有两个以上证据。

第二，既然是我们家的家谱，而郑成功又是个鼎鼎有名的英雄，所以在英雄的身上我们多少都会美化一点儿。比如说，我们讲的诸葛亮几乎都快成神话中的人物了。

实际上，我们任何人的后代对自己的祖先都会有多多少少的美化行为，跟着祖宗沾光。所以这个本身也是家谱可以作为参考，但是不能作为最终的结论依据。

在当时《厦门晚报》登载的文章当中，张宗洽教授也是本着被炮轰而死的观点，张宗洽教授当时也曾经表态说，目前发现的证据太单薄了，但肯定提供了一个新的研究方向。他说，他只是抛砖引玉，想让这个事更清楚一点儿。

看来，顺治皇帝被郑成功炮击并不可信！那么，顺治皇帝到底是怎么死的呢？难道这些传说都是子虚乌有的吗？这需要我们进一步地思考。

终老五台山

顺治皇帝终老五台山，是一种民间流传的最为浪漫的一种说法，关于这种说法，我们得从一首诗说起。

这首诗是一个叫吴梅村的清朝诗人所作，诗名《清凉山赞佛诗》。里面写道："陛下寿万年，妾命如尘埃。愿共南山椁，长奉西宫杯。"当时顺治皇帝与董小宛的故事被传得沸沸扬扬，人们不免猜想，吴梅村在诗中所写的陛下，可能就是顺治。此外，诗中还写道："可怜千里草，萎落无颜色。"千里草——草下千里重叠，这分明是个"董"字。芳草枯萎，暗示了董鄂妃之死。通过研读吴梅村的诗句，其中有一句："八极何茫茫，日往清凉山。"根据吴梅村笔记记载，诗中所说的清凉山，指的就是佛教圣地五台山。顺治生前从未到过五台山，为什么诗中会讲到顺治"日往清凉山"？吴梅村曾经在中央担任官职，他以自己的见闻入诗，可信度就大大增强，许多人因此展开大胆的猜想，说顺治当时并没有死，只是隐居在五台山的古卷青灯里。

对于这种猜想，在这里首先我们要分析的是，顺治皇帝是否出家当过和尚！

顺治出家

的确，正像俗话说的那样，还真是无风不起浪。这里，我在认真考证之后，可以肯定地说，顺治皇帝的确曾经出家过——至于是不是在五台山，我们后面再来进行更加深入的分析。现在，需要我们回答的问题是：顺治皇帝为什么要出家？他是在哪里出家的？他的出家与他的去世又有什么关联呢？

在两汉以后的各个朝代，其实都有统治者各自比较推崇的宗教。这其中，尤其是元朝和清朝的统治者，因为他们知道自己是少数民族政权，直接利用儒家思想统治全国非常不方便，因而他们非常推崇佛教，尤其是藏传佛教——我们通常所说的喇嘛教。但是我们要说了，统治者推崇宗教这样的事情虽然经常出现，但是除了梁武帝之外，我们还没见到哪一位皇帝真的就跑去出家了的。

因此我们说，任何一位统治者，对于宗教而言，推崇某种宗教是一回事儿，而自己信仰某种宗教是另外一回事儿：推崇某种宗教的目的是让别人相信从而有利于自己的统治，自己信仰某种宗教的结果必然导致自己主动放弃对于别人的统治！

推崇跟迷恋或者毒性就已经不一样了。顺治皇帝的做法是一种很独特的现象，他不光是推崇喇嘛教——佛教中的一支，他还真的遁入佛门了！这是为什么？你说这顺治好好的皇帝不做，干吗非要跑去出家呢？

这个就是我们所说的无风不起浪，事出有因——有更深刻的原因。信

顺治皇帝心甘情愿地放弃帝位舍身出家，应该不仅仅是为了一个女人这么简单。

纪连海语录

的确，正像俗话说的那样，还真是无风不起浪。这里，我在认真考证之后，可以肯定地说，顺治皇帝的确曾经出家过——至于是不是在五台山，我们后面再来进行更加深入的分析。现在，需要我们回答的问题是：顺治皇帝为什么要出家？

到非出家不可的地步，应该说这里面既有外部大环境的原因，也有他内心的原因。

说起顺治皇帝的出家，我们还得从顺治笃信佛教开始谈起。

根据史料记载，顺治皇帝并不是一开始就与佛教有接触的。

早在努尔哈赤时期，藏传佛教已传入满洲人生活的地区。顺治皇帝的爷爷努尔哈赤每天就一边杀人，一边信教——努尔哈赤经常手持念珠，并在赫图阿拉建立佛寺。到皇太极时，盛京（沈阳）又兴建了实胜寺，藏传佛教在后金已产生很大影响。顺治皇帝的生母、孝庄皇太后是蒙古族人，自幼受到佛教的熏陶，又年轻寡居，以信佛解脱内心的孤独与苦闷。

由于他的爷爷也信，他的母亲也信，这样在皇宫周围就自然地形成这样一种氛围。再加上太监们的怂恿，顺治皇帝稍长后便信奉起佛教来。

也就是说，顺治皇帝这个人实际上是相当有慧根的人；我们也曾经说过，他对儒家思想接触特别多。现在好，这么多得道高僧再加上宫廷的氛围，似乎信仰佛教、笃信佛教是理所当然的。

说到这里，我想起了一件事情，我记得有历史学家说过，其实顺治皇帝一开始好像是更加相信天主教。

关于顺治皇帝一开始更加相信天主教一事，在《康熙王朝》中并没有反映，但是这件事在另外一部清宫剧《孝庄秘史》还是有所反映的。话还要从来自德意志的耶稣会士汤若望说起。

可是，后来是什么原因促使顺治皇帝远离了汤若望，远离了天主教呢？

估计是偶然原因，可能是由于太监们的鼓励和怂恿吧——但是，太监们的鼓励和怂恿应该是得到了孝庄皇太后允许——毕竟孝庄皇太后也是深信佛教的！

顺治十四年（1657 年），19 岁的顺治皇帝召见了佛教高僧憨璞聪，从此对佛教产生了浓厚的兴趣，而渐渐疏远了天主教。自今而后，南方高僧

玉林琇、茆溪森等先后应召至京，在宫中论经说法，大谈佛理。

始作俑者

说到这里，我觉得，信佛是一个问题，放着好好的皇帝不当，非得要出家当和尚，这可不是一件小事情！到底是什么原因让顺治皇帝心甘情愿地放弃帝位，而舍身出家呢？真的是因为董鄂妃吗？

关于顺治皇帝心甘情愿地放弃帝位、舍身出家，应该不仅仅是为了一个女人这么简单。当然，要说毫无关系也不确切。

这其中的始作俑者，我们应该从顺治皇帝不幸福的少年时代谈起。

我觉得有两方面原因：一个方面就是他的少年不幸。在成长过程当中，少年时代给他留下了阴影。

说到童年时期的顺治皇帝受到了严重的心灵创伤，我们可以看到，很多半路出家当和尚的人是由于家里出了意外的变故！面对意外的变故，自己排解不开，又与佛教宣传的教义“你这辈子受苦，是因为你上辈子没有积德行善”等观念遥相呼应，所以最后弃世出家！

可是，有的读者朋友说了，他从5岁开始就已经是皇上了，生活上养尊处优，衣食不愁；政治上，他从5岁开始就当着整个中国最大的官，他还有什么不幸福的呢？你让他下来，让我替他当几天皇上，我愿意当皇上，我觉得这是幸福的！

我倒是觉得，从个人角度而言，顺治皇帝还真的是很不幸福的！也就是说，顺治皇帝的童年并不幸福！他的这种不幸福，表现在以下几个方面：

首先是自己母亲与叔叔多尔衮的关系异常，自己一开始更像是一个傀儡。

顺治皇帝5岁就当了皇帝，可是您想一想，那个时候的他，实际上是个假皇帝，是个傀儡！真正的皇帝，是当时的摄政王多尔衮！

您再想想，他的母亲孝庄皇太后整天跟他叔叔摄政王多尔衮站在一起，人家到底是什么关系我们先暂且不提——这直到今天还是一桩谜案——不管怎么说，我们可以肯定地说，他们当时的关系不正常！顺治皇帝他自己心里肯定不是滋味，对不对？

在这种情况下，他应该管他的叔叔摄政王多尔衮叫什么——爸爸还是叔叔？

如果说顺治皇帝在没有进关的时候，他可以无所谓，不会有这种想法。但是顺治皇帝进关了！顺治皇帝接受的是正经的儒家教育。他不但对汉文化接触得非常多，而且还非常欣赏汉族的文化，尤其喜欢儒家的思想。

在儒家的传统思想里，是不允许女人在死了丈夫之后再度下嫁的——一女不侍二夫。寡妇，就应该守寡才是，这就叫作伦理纲常。所以，小小年纪的皇帝对他母亲和叔叔的关系是排斥的。所以，很自然地，顺治皇帝会产生想法，我这皇上咋当啊？我怎么面对世人啊？我的母亲和叔叔两人好上了，我的生活能不别扭吗？

这还只是一方面，他的不幸福还多着呢。

关于这一段，电视剧当中有这样的一个情节：顺治皇帝非常痛恨摄政王多尔衮——已经到了在摄政王多尔衮死后鞭打其尸体的程度！

顺治皇帝非常痛恨摄政王多尔衮，这个我们很容易理解。问题在于，顺治皇帝能否因为痛恨，就在多尔衮死后去鞭打其尸体呢？

我们说，鞭尸这种做法其实在历史上是不存在的。为什么呢？因为满洲人在入关以前，在人死了以后是要火化的。在满洲人入关以后，这个火化传统也流行了很长很长时间。

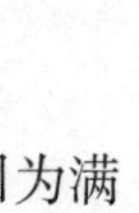

因此，在多尔衮死后，他的尸体实际上是已经被火化了，不可能有尸体。

我们回过头来，再说说顺治皇帝还有哪些不幸福。

年幼的顺治皇帝有五位师父，每天这五位师父要轮番给他上课，对于年幼的皇帝来说，是很累的。

虽然，今天的我们都能够理解，小的时候要学好，将来才能够工作好；虽然，今天的我们都能够理解，摄政王多尔衮和顺治小皇帝的母亲孝庄皇太后对于顺治小皇帝的这片苦心。但是，您若是当时的顺治小皇帝，您又能够怎么想呢？年幼的顺治皇帝他不觉得啊。他觉得，我是皇上啊，应该是我说了算啊？怎么你们一天总是管着我？咱们大人非常明白，小孩觉得学习不是一件很快乐的事。

这种没完没了的学习限制了年幼的顺治皇帝的天性，他的课程被安排得满满的，也没什么玩的时间了。

年幼的顺治皇帝喜欢骑马、打仗、游猎。但是摄政王多尔衮和顺治小皇帝的母亲孝庄皇太后极希望他迅速成人。所以，在摄政王多尔衮和顺治小皇帝的母亲孝庄皇太后的干预下，顺治皇帝的五个老师对年幼的顺治皇帝进行了一种填鸭式的教育，忽视了素质教育。

年幼的顺治皇帝就感觉当个皇上真累。他一点儿都不快乐。

如果不当皇帝吧，顺治小皇帝还能每天都与自己的母亲见面，可是自从当了皇帝之后，倒见不到自己的母亲了——清军入关之前就有规定，皇帝不能随便见自己的母亲——担心女人干政导致误国的现象在清朝出现。

一个5岁的小孩，因为当了皇上，就连妈都见不着了，整天见到的是五个师父和一个不知道是爸爸还是叔叔的人，还有自己都不认识的满朝的文武大臣。你说，他能觉得自己幸福吗？

因此，顺治小皇帝越来越想不明白，心想，自己的命运怎么就这么苦呢？

上述这些，都在顺治小皇帝的心理上造成了阴影！但是上述这些并没有直接导致顺治出家，导致顺治皇帝出家的还另外有原因——更深层次的原因。

转眼之间，在这纷繁复杂的逆境之中，顺治皇帝逐渐成长为一位青年天子！青年天子顺治皇帝又会遇到哪些烦恼呢？而这些烦恼，与顺治皇帝的离奇死亡到底有哪些关联呢？

作为青年天子的顺治皇帝，又有了更多的烦恼与不幸了。而这青年时期顺治皇帝的诸多烦恼与不幸，才是导致顺治皇帝最终决定出家的最为重要的因素。

顺治皇帝青年阶段又遇到了以下两个方面新问题，这可不是普通的青春期烦恼。

一个问题就是在国家的大政方针问题上，在执政方针方法策略问题上，青年天子顺治皇帝与母亲孝庄皇太后产生了严重的分歧！

通过前面的介绍，我们知道：顺治有两位汉文师父，这两位汉文师父对他的影响还比较大，所以他自小就接受了汉族的思想，尤其是儒学的理念。也就是说，青年天子顺治皇帝对于儒学的理念有极度崇拜的心理。

但是他的母亲孝庄皇太后却不是这样！

他的母亲孝庄皇太后对于汉文化是完全不接受的。在原来顺治皇帝小的时候，两个人经常见不着面，好不容易到了青年天子顺治皇帝自己能够亲政了，与自己的妈妈倒是能够天天见面了，可是两个人一见面就吵——想法就是不一样！所以这个就是青年天子顺治皇帝经常因为政见不和而与孝庄皇太后产生的分歧。

爱美人不爱江山

另一个方面就是婚姻、家庭的不幸。

青年天子顺治皇帝在家庭婚姻方面的确存在问题。关于这些问题，《清史稿·后妃传》当中也有一些记载。

我们知道，顺治皇帝在生前的生活还是挺丰富的：两个皇后，十五个妃子；她们为顺治生了一大堆的孩子。按理来说，他的婚姻生活还是挺幸福的。

但是，顺治皇帝对董鄂妃有非常深的感情，传说董鄂妃死后，顺治皇帝悲愤之下看破红尘，于是出家去了。

问题在于，董鄂妃为什么在年纪轻轻就死掉了呢？董鄂妃的死与顺治皇帝的死到底有什么联系呢？

从1656年他们两个人结婚，到1660年董鄂妃去世，两个人真正在一起的时间，其实只有短短的4年。在这短短的4年中，先后发生了很多不愉快的事。

先是董鄂妃生了一个孩子——男孩儿。青年天子顺治皇帝企图立这个男孩儿为皇位继承人，结果这个男孩儿命不好——不足百日夭折。这个男孩儿夭折以后，董鄂妃自己感觉对不住皇上，所以每天都瞎琢磨——没病也得琢磨出病来——最后董鄂妃在1660年的8月去世了。

董鄂妃到底是死于什么病呢？根据史书记载，结合我们的判断，董鄂妃应该是死于当时最为厉害的一种病——天花！

问题在于，面对自己最喜欢的妃子的死，青年天子顺治皇帝会有什么反应呢？

顺治皇帝得知董鄂妃去世的噩耗，痛不欲生，“寻死觅活，不顾一切，人们不得不昼夜看守着他，使他不得自杀”。顺治皇帝辍朝五日，追谥其为端敬皇后。并在户部资金极为短缺的情况下，在景山建水陆道场，大办丧事。将宫中太监与宫女三十人赐死，让他们在阴间侍候自己的爱妃。同时令全国服丧，官员一月，百姓三日。顺治皇帝让学士撰拟祭文，“再呈稿，再不允”。后由张宸具稿，“皇上阅之，亦为堕泪”。以顺治皇帝名义亲制的董鄂妃《行状》数千言，极尽才情，极致哀悼，历数董鄂氏的嘉言懿行，洁品慧德。

在这种情况下，大情圣、青年天子顺治皇帝终于决定随同茆溪森和尚出家。后来茆溪森临终时作偈语说：“大清国里度天子，金銮殿上说禅道！”就说的是他度顺治皇帝出家一事。

问题在于，青年天子顺治皇帝终于决定出家之后，他会去哪里出家呢，会是五台山吗？

民间盛传，顺治皇帝爱美人不爱江山，董鄂妃死了以后，顺治皇帝就跑到五台山出家去了。直到很多年以后，顺治皇帝在五台山老死。

更有甚者说，康熙皇帝即位后不久，孝庄皇太后还带着康熙皇帝去五台山。去五台山，名上是拜佛——按道理讲，这个拜佛完全可以在北京——北京也有很多寺庙，那么为什么偏偏不远千里要跑到五台山呢？有的人就猜测，是不是顺治皇帝在那儿修行啊，孝庄皇太后带着自己的孙子去见他爹去了。

关于这种说法，后面还有更神的呢。在1900年八国联军入侵北京的时候，慈禧太后带着光绪皇帝西逃，奔西安了。在慈禧太后与光绪皇帝路过山西五台山的时候，在五台山下的山西地方的政府官员要接待慈禧太后与光绪皇帝——他们要吃饭啊。结果当地的人没有上好的茶杯、茶碗、茶盘子之类的，就从五台山的寺庙里借了几套完整的用具，结果慈禧太后一看这碗不对，是宫中御用的。怎么这一套都是宫中的？这慈禧太后找人鉴定了一番，结果是这套用具就是顺治皇帝用的。

神了吧，那么说到这儿，看来这五台山顺治皇帝终老这一说难道是真的?

这可不对，不能因为那儿有他的东西就说他死在那儿了。这套用具其实是皇宫里面赏赐给五台山的寺庙的——不仅五台山的寺庙有，其他的寺庙也有很多这样来自皇宫里的东西。

顺治皇帝在五台山老死这种说法直到今天仍被传为美谈，这是为什么？因为人们都把顺治皇帝当成了一个大情圣——一个空前绝后的情圣皇帝，说顺治皇帝是一个非常重感情的人。

皇家那些皇子皇孙当中好像没有这么重感情的，都很无情，好不容易出了顺治皇帝这么一个重感情的人，人们还不好好表扬顺治皇帝一番？但是，历史上到底有没有顺治皇帝出家五台山这一说呢？顺治皇帝是否终老在五台山呢？这里，就要看看顺治皇帝的师父是谁了！

通过前面的介绍，我们知道，顺治皇帝本身早就因为我们上述所说的种种问题而产生了出家的念头。在董鄂氏死后，他更是万念俱灰，决心遁入空门。

有记载统计，顺治皇帝在董鄂氏死后的两个月的时间里，先后 38 次到高僧馆舍，相访论禅，彻夜交谈，完全沉迷于佛的世界。

顺治皇帝命当时的一个著名的得道高僧茆溪森（就是电视剧中的行森）为他净发，他要放弃皇位，身披袈裟，孑身修道。茆溪森开始劝阻，他不听，最后剃成和尚头。

也就是说，这个茆溪森应该是顺治皇帝的师父。

茆溪森是从哪里来的呢？浙江有一个地方叫武康，武康有一个叫金车山的地方——现在这个地方属于浙江的德清。

茆溪森和他的师父——电视剧里面的玉林琇那都是当时的得道高僧，他们一般不会上五台山去挂单的——上那儿做客当一个客座教授什么的倒可以。所以如果说顺治皇帝老死在宫廷之外，也不应该是五台山，而应该是现在浙江德清的金车山。

在电视剧里面，茆溪森和他的师父玉林琇意见也不统一——一个是劝顺治皇帝出家，一个是不要顺治皇帝出家。那么事实上这两位师父的情况是如何呢？

茆溪森开始是坚持要动员顺治皇帝出家的，后来自己又想过闷儿来了——顺治皇帝出了家以后，天下人都出家了，我们和尚吃谁去啊。所以茆溪森又不让顺治皇帝出家了，但是顺治皇帝非要坚持。所以在这个无可奈何的时候，孝庄皇太后又请来了玉林琇。实际上从某种意义上说，玉林琇算是顺治皇帝的师爷。

玉林琇来了以后，立即就扭转了乾坤！

玉林琇一看形式不好，马上跟皇太后说：皇太后您甭管了，这件事情，您交给我吧！说话间，玉林琇先命人在皇宫之中架了一堆柴火；然后让茆溪森坐在柴火堆上，周围浇着汽油；接着，玉林琇拿着火把——当时这火把一举起来，顺治皇帝就急了！算了算了，我还俗了，我不出家了。

后来茆溪森临终时作偈语说：“大清国里度天子，金銮殿上说禅道。”就说的是他同顺治的特殊关系。

关于顺治皇帝确曾出家这件事情，我们引用下面的几段史料加以证明：

其一，著于康熙十九年的《续指月录·玉林琇传》说：玉林琇二次到京（时为顺治十七年，第一次到京为十五年），“闻其徒茆溪森为上剃发，即使众聚薪烧森。上闻，遂许蓄发，乃止”。

其二，《玉林年谱》载：“十月十五日，到皇城内西苑万善殿，世祖（顺治）就见丈室，相视而笑。”顺治再次申明想要出家的意愿，经玉林琇力劝，顺治才作罢。所谓“相视而笑”，自然是一个光头皇帝与一个光头

和尚的缘故，因为顺治虽允蓄发，此时尚未长起，便觉可笑。

其三，《汤若望回忆录》内有这样一段话："此后皇帝便把自己委托于僧徒之手，他亲手把他的头发削去，如果没有他理性深厚的母后和汤若望加以阻止时，他一定会充当了僧徒的。"

其四，康熙年间杭州圆照寺所刻塔铭中有茆溪森临终偈语一首："大清国里度天子，金銮殿上说禅道。"

我们的话讲到这里，可以肯定的是，顺治皇帝无论如何也不能死在五台山。

问题在于，顺治皇帝到底是怎么死的呢？与他的出家到底有什么关系呢？

《康熙王朝》这部电视剧当中，有这样一个镜头。说的是，董鄂妃去世后，顺治皇帝伤心欲绝，在这种情况下，顺治皇帝想到了出家。

这样，就出现了下面一段对话：

顺治皇帝对孝庄皇太后说："儿臣想禅让帝位皈依佛门！"

孝庄皇太后教训她的儿子顺治皇帝说："荒唐！"

顺治皇帝对孝庄皇太后又说："母后，您要是不准儿出家，您就杀了儿吧，儿用这一腔血，还了二十四年的母子缘分！"

孝庄皇太后对顺治皇帝说："你喝了它吧！明日，额娘会诏告天下，说顺治皇帝骤染恶疾龙御归天！"

顺治皇帝说："遵旨！"

这个时候，他们身边的太监说："主子，那是毒药！"

在历史上，发生上述这种事情那是不可能的！再怎么说，顺治皇帝也是孝庄皇太后的亲骨肉，哪有亲妈给亲儿子下毒酒的，这太不可相信了。

您想想当年为了小小的福临能够登上皇位，孝庄皇太后费了多大的力气，所以说孝庄皇太后给年轻的顺治皇帝下毒，这是完全不可能的。

因此，这绝对不是什么大义灭亲，而是《康熙王朝》的编剧按照自己的想法编造的。

顺治皇帝原来是那么死心塌地地要入佛门的一个人，难道他会就此善罢甘休了吗？

不会的！顺治皇帝后来找到一个他最为贴心、最为喜欢的太监——吴良辅。顺治皇帝让吴良辅替自己出家了——就在今天北京的天宁寺。

由此我们可以得出结论，顺治皇帝终老五台山只是一种民间的浪漫猜想，事实上是不成立的！

附录：顺治大事记

1638年，3月15日（正月三十日）生于盛京，为清太宗爱新觉罗·皇太极的第九子。

1643年，父皇太极逝世。福临于大政殿举行即位大典。

1644年，改元顺治。清廷自盛京迁都北京。

1645年，再次强制推行剃发令，皇太妃逝。

1646年，以肃亲王豪格为靖远大将军，率师西征四川。

1647年，加封和硕德豫亲王多铎为辅政叔德豫亲王。

1648年，初设六部汉尚书、都察院左都御史。

1649年，定内三院官制。

1650年，摄政王多尔衮逝世。

1651年，顺治帝开始亲政，年十四岁。同年八月大婚。

1652年，颁布六谕碑文于天下。加封郑亲王济尔哈朗为和硕郑亲王。罢诸王、贝勒、贝子管理部务。

1653年，谕令改变仅有满臣奏事的局面，此后，凡章奏，令满汉侍郎、卿以上会同奏进。更定多罗贝勒以下岁俸。谕礼部，废除皇后为静妃。

1654年，皇三子玄烨（即康熙皇帝）生。

1655年，修《顺治大训》。纂《资政要览》，顺治帝亲写序文。

1656年，册内大臣鄂硕女董鄂氏为皇贵妃，颁恩赦。加上皇太后尊号为昭圣慈康恭简安懿章庆皇太后。命礼部筹建奉先殿。准开玉牒馆纂修玉牒，每十年一开馆。定三年举行一次大阅礼。

1657 年，谕令停止八旗举行乡会两试。

1658 年，亲试丁酉科顺天举人，考场设在太和门，以满兵监视。

1659 年，以云贵荡平，命今秋举行会试。

1660 年，皇贵妃董鄂氏薨，追封董鄂氏为皇后。

1661 年，2 月 5 日（正月初七）逝于养心殿，年 24 岁。

图书在版编目（CIP）数据

顺天而治：纪连海辣评顺治帝 / 纪连海著. —北京：中国工人出版社，2018.3
ISBN 978-7-5008-6900-9

Ⅰ.①顺… Ⅱ.①纪… Ⅲ.①顺治帝（1638～1661）—人物研究 Ⅳ.①K827=49

中国版本图书馆CIP数据核字（2018）第057241号

顺天而治：纪连海辣评顺治帝

出 版 人	芮宗金
责任编辑	葛忠雨　杨博惠
责任校对	董春娜
责任印制	黄　丽
出版发行	中国工人出版社
地　　址	北京市东城区鼓楼外大街45号　邮编：100120
网　　址	http://www.wp-china.com
电　　话	（010）62350006（总编室）　（010）62005039（出版物流部） （010）62379038（社科文艺分社）
发行热线	（010）62005049　（010）62005042（传真）
经　　销	各地书店
印　　刷	三河市文通印刷包装有限公司
开　　本	710毫米×1000毫米　1/16
印　　张	17.25
字　　数	229千字
版　　次	2018年6月第1版　2018年6月第1次印刷
定　　价	39.80元